최진연의 답사기

수원화성, 긴 여정

지은이 | 최진연
펴낸이 | 최병식
펴낸 날 | 2011년 4월 29일
펴낸곳 | 주류성출판사
　　　　　www.juluesung.co.kr
　　　　　서울시 서초구 서초동 1308-25번지 강남오피스텔 1309호
　　　　　전화 | 02-3481-1024 / 전송 | 02-3482-0656
　　　　　e-mail | juluesung@yahoo.co.kr

책 값 | 18,000원
ISBN 978-89-6246-055-1 03980

이 책은 주류성출판사와 저작권자와의 계약에 따라 발행한 것이므로
본사의 허락없이는 어떠한 형태나 수단으로도 이 책의 내용을 이용할 수 없습니다.

* 잘못된 책은 바꿔 드립니다.

최진연의 답사기

수원화성, 긴여정

● 이 책을 집필하는 데 『조선왕릉 잠들지 못하는 역사 (이우상 저, 다할미디어, 2009)』의 도움을 받았음을 밝힙니다.
● 사진자료 협조 : 수원박물관, 국립민속박물관

머리말

수원화성, 긴 여정

　우리나라는 '성곽의 나라'라 불릴 만큼 세계에서 가장 많은 성곽을 보유하고 있다. 전국적인 조사가 이루어진 적이 없기 때문에 정확한 숫자는 알 길이 없으나, 남한에만 줄잡아 2천개가 넘는 것으로 추정된다. 북한과 만주지역 까지 합하면 얼마가 될지 헤아리지 못한다.
이들 성곽은 대부분 산 중턱이나 정상에 쌓여 있기 때문에 실제로 답사하기란 여간 힘들고 어려운 일이 아니다. 하지만 평지나 바닷가에도 역사의 이끼가 낀 읍성들이 현존하고 있다.
전국에 분포돼 있는 읍성은 산성과는 달리 자동차가 쉽게 접근할 수 있어 마음만 먹으면 아무 때나 갈 수 있다.
서울에서 한 시간 거리에 있는 수원화성은 우리나라에서 '성곽의 꽃'으로 부른다. 우리의 역사와 자연이 어우러진 성곽건축의 고졸한 미를 지녔기 때문이다.
220년의 두껍지 않는 역사를 가지고 있지만 동서양의 군사시설을 잘 배합시킨 독특한 성곽이다. 축성동기부터 군사적 목적보다는 정치, 경제적 측면과 조선왕조의 정신, 철학적 가치를 겸한 효심의 성곽으로 평가한다.

　왕이 나라를 통치하던 시대에 성곽은 세상의 중심이었다. 모든 권력은 성으로부터 나왔고 모든 재화도 성으로 모여들었다. 당대 권력과 문화의 총화였던 수원화성의 탄생에는 조선 22대 임금인 정조와 그의 아버지 사도세자의 비통한 사연이 깃들어있다.
사도세자는 영조의 둘째아들이다. 그가 세자로 책봉되자 정치의 주도권을 쥔 세력과 갈등이 깊어졌다. 반대세력들은 세자와 영조 사이를 갈라놓으려고 혈안이 됐다.

영조는 결국 당쟁에 휘말린 세자를 뒤주 속에 가두었다. 뒤주 감옥살이에 들어간 세자는 배고픔과 곡간의 열기로 8일만인 26세의 젊은 나이에 질식사했다.
당시 11살에 아버지의 죽음을 목격한 정조는 임금이 된 후 절치부심(切齒腐心)의 한을 풀어낸다. 그리고 13년 후 양주 배봉산(동대문구 휘경동 서울시립대학 앞산)에 초라하게 묻혀 있는 아버지를 최고의 명당으로 꼽히던 화산(융건릉)으로 이장한다. 그와 동시에 화산아래 살던 백성들을 수원 팔달산 아래로 이주시키고 성을 쌓은 것이 지금의 화성이다.
화성은 정조 18년(1794)에 축성공사를 시작했다. 조선의 최고 실학자 정약용이 화성을 설계하고, 영의정 출신 채제공이 감독을 맡아 2년 만에 완성했다. 화성은 팔달산을 중심에 두고 수원시가지를 타고 넘으며 약 5,8킬로미터에 달하는 성벽을 쌓았다. 백성들의 통행을 위해 4대문을 세우고, 유사시 비상구로 사용하기 위해 암문도 5곳에 두었다.

성안에는 임금이 머무는 행궁을 비롯해 장대 2곳을 세웠고, 망대역할을 했던 공심돈을 3곳에 쌓았다. 4개의 각루와 대포를 설치한 포루(砲樓) 5곳, 치성위에 대를 세워 누각을 지은 포루(鋪樓) 5곳, 유사시 연기와 횃불로 신호를 알리던 봉돈 등 건축물마다 제각각 다른 모양으로 지어졌다.
화성의 특징을 요약하면 첫 번째, 축조에 쓰인 재료는 돌과 납작한 벽돌을 병용했다. 두 번째는 화살과 창검을 막고 총과 대포도 막을 수 있는 근대적 군사시설을 갖추었다. 세 번째는 거중기, 녹로 등의 새로운 기계장치를 활용해 성곽을 쌓은 것이다.
당대 학자들의 연구와 치밀한 계획으로 동서양 축성술을 집약해 쌓았기 때문에 건축사적 의의[意義]가 매우 크다. 특히 화성준공 후 발간된『화성성역의궤』는 축성계획과 인적사항, 재료, 예산, 시공기계, 재료가공법, 공사일지 등을 한눈에 볼 수 있도록 작성한 보고서로, 이미 200년 전에 정확한 공사 보고서를 기록으로 남긴 나라는 지구상에 없었다.
정조는 이곳에 조선의 문화가 숨 쉬는 거대한 신도시를 꿈꿨다. 그리고 당파정치 근

절과 강력한 왕권으로 큰 정치구상을 위해 수원에 국방요새를 만들었던 것이다. 하지만 정조의 갑작스런 죽음으로 그의 꿈은 수포로 돌아가고, 눈물과 효심만 남긴 채 역사의 정거장으로 남았다.

그 뒤 조선은 급격히 쇠퇴의 길로 들어섰고, 화성의 운명도 퇴락하기 시작했다. 일제 강점기와 한국전쟁을 겪으면서 성곽은 부서지고 무너졌다. 48개의 시설물 중 7개 시설은 수해와 전란으로 멸실됐다.

개혁군주 정조가 역사속으로 사라진 180년 후 화성은 다시 태어났다. 1970년대 중반 박정희대통령 당시 국방유적 복원사업으로 성곽과 행궁은 이제 온전한 모습이 되었으며, 1997년 12월 6일, 인류전체의 유산으로 등재돼 국제사회의 보호와 감시를 받고 있다. 유네스코 세계유산 등재는 그 민족의 역사와 문화가 인류공영의 가치를 지녔다는 인증으로 대단한 영예다. 국가 브랜드를 높이는 효과도 얻었다. 특히 수원화성은 문화체육관광부가 선정한 '한국을 대표하는 관광으뜸명소'에 선정됐다.

독자들은 이 책을 통해 잃어버린 옛 화성의 주요 시설물을 사진으로 볼 수 있다. 화성의 백 년 전, 오십년 전, 그리고 사진가가 찍은 삼십년 전의 모습들이다.

1907년 멸실되기 전, 한 외국인이 찍은 화성남공심돈 주변풍경은 흑백사진을 칼라로 채색한 우리나라에 처음 등장한 칼라사진이다. 팔달문 앞 초가지붕위로 바지랑대에 걸려있는 주막집 간판은 요즘의 휘황찬란한 네온사인에 비하면 소박하기만 하다. 이렇게 사라져버린 화성의 옛 모습은 이제 그리운 풍경이 됐다.

훼손된 서장대에서 갓을 쓴 조선인을 야릇한 표정으로 쳐다보는 일본인, 노송과 어우러진 창룡문, 장안문 밖으로 나란히 서 있는 초가를 배경으로 물건을 흥정하는 장날 풍경, 6.25전쟁 때 파괴된 성문, 개발되기 전 청정함이 묻어있는 60~70년대 화성 주변 모습 등등.

그리고 현재의 화성전경을 찍기 위해 사진가는 2번이나 헬기까지 동원했다. 김문수 경기도지사의 호국유적에 대한 애정이 깃든 결과다.

성곽이 자리한 전체적인 지형과 각 시설물을 카메라에 담기 위해서는 항공사진이 필수적이다. 성곽촬영은 일반 사진가는 쉽게 접근하기 어려운 분야다. 성곽시설물 자체를 꿰뚫어야 하기 때문이다. 축조법과 시기, 그것들에 담긴 조상들의 숨소리까지 들을 수 있을 만큼 충분한 문헌조사를 거쳐야 하고, 무엇보다도 역사현장의 오랜 답사와 경험을 갖추어야 한다.

시각 이미지에서 사진만큼 호소력 있는 것도 없다. 화성은 역사의 고비마다 사진으로 그렇게 남겨졌다.
30여 년 간 구석구석을 찾아다니며 찍은 화성의 고졸한 아름다움은 적잖은 감동을 불러일으킨다. 최근 보물로 지정된 방화수류정의 천장과 벽면에 새겨진 십자가조형은 화성사진을 찍으면서 새롭게 알게 된 사실이다.
벽면의 십자가는 해질 무렵 형광물질로 인해 빛이 나도록 했다. 이곳뿐만 아니다. 화홍문 천장, 성안의 큰 도로도 십자가 형태다. 천주교를 알리기 위해 알게 모르게 새겨놓은 건축물 속의 십자가는 다산 정약용의 의도적인 발상이 아닌가. 그는 천주교 신자였으며 정조의 최측근으로 두터운 신임을 받은 당대 최고 실학자다.
유교문화에 젖은 조선에서 천주교는 금압 대상이었다. 하지만 정조는 천주교도에 관대했다.
조선 후기의 역사를 가장 잘 담고 있는 화성에서 우리는 정조 시대의 모습을 그대로 만날 수 있다. 화성을 여행할 때는 그곳의 주인공과 그들의 이야기를 꼭 읽어 보고 가는 것이 좋다. '수원화성'에는 마음을 움직이는 '긴 여정'의 역사이야기가 널려있기 때문이다.

2011년 4월 최 진 연

화서문서 본 서북공심돈(1990년)

최진연의 답사기
수원화성, 긴 여정

차례

- 16 잘 다듬어진 조선의 신도시 '수원화성'
- 23 팔달문에서 본 동종모습
- 33 산줄기에 길게 늘어진 용도
- 42 서장대의 서글픈 내력
- 48 보일 듯 말듯 한 작은 문
- 54 화성 옛길이 되살아난다
- 59 서북각루에 올라서면 세상을 얻은 기분
- 64 화서문은 한 때 시구문이었다
- 76 서북공심돈에 오르니 성곽건축의 극치가 보인다
- 81 성벽 밖은 시민들의 문화 공간
- 85 황금 갑옷입고 들어선 장안문
- 101 숱한 사연을 품고 있는 화홍문
- 109 방화수류정에는 온통 십자가 문양

113	화성의 미감은 방화수류정
120	사람들의 통행이 가장 많은 암문
123	동북포루 천주교도 처형터
128	드넓은 연병장 군병 훈련장
136	화성에서 가장 이색적인 건물
142	동문은 도망가고
153	위급한 소식을 주고받던 현대판 전화기 봉돈
165	자신의 등을 밟고 가기를 기다리는 남수문
171	한 장의 사진으로만 남은 동남성벽 풍경
178	행궁의 주인은 사라지고
189	정조의 화성행차 8일
207	화령전에는 정조의 혼령이
213	세계유산으로 다시 태어난 화성

하늘에서 본 화성전경 (2009년)

화성 중심에 수원천이 흐르고 있다.(2009년)

잘 다듬어진 조선의 신도시 '수원화성'

　수원 상공 헬기에서 내려다 본 화성은 드넓은 평야에 자리 잡았다 서쪽으로 높지 않은 팔달산을 기둥삼아 성벽이 좌우로 흘러내렸고, 화서문(서문)에서 시작된 성벽은 장안문(북문)을 지나 거대한 용의 용틀임같이 구불구불 둔덕을 타고 넘으며 동쪽 창룡문(동문)까지 이어졌다. 동문에서 성벽은 빗나가지 않고 남쪽으로 또다시 길게 뻗었다. 성벽은 수원천에서 팔달문까지 토막이 났다가 팔달문을 지나면서 다시 살아나 산등성이로 급하게 올랐다.
　화성의 전체 성벽은 끊어지지 않았으나 남문과 북문은 일제강점기 도시개발로 좌우성벽이 사라지고 말았다. 약 5.7킬로미터에 이르는 성벽 둘레에는 포루와 각루 등 각종 군사시설물이 세워졌고, 전망이 좋은 곳에는 장대를 세워 장엄함을 더했다.
　남북에는 육중한 2층의 문루가 장엄하고, 동서는 단층의 문루가 단아하다. 팔달산 중심아래 양지바른 기슭에는 행궁도 들어섰고, 관아도 보인다. 성안에는 남에서 북을 관통하는 대로와 동과 서를 가르는 소로가 열십자로 열렸다. 광교산에서 흘러내린 물줄기는 북에서 남으로 길게 흐르고, 인공연못과 돌다리, 여름날 개구쟁이들의 집합장소인 보도 만들었다.
　성안에는 상가와 민가를 비롯, 백성들이 편하게 살 수 있는 기반과 조경시설이 총망라되어 있다. 위에서 내려다 본 화성 전체 모습은 우리 역사와 자연과 문화가 공존하는 한국성곽의 꽃으로 전혀 손색없다.
　조선22대 임금 정조는 이곳에 조선에서 가장 활기찬 신도시를 건설했다. 그리고 시장과 저수지를 만들어 상업과 농업, 물류경제는 물론 국제무역의 새로운 중심지로 부상시키려 혼신의 힘을 쏟은 것이다.
　축성당시 화성에는 200여 개의 크고 작은 도로가 성 안팎을 이었다. 하지만 급속

팔달문과 시원하게 뻗은 남북대로 (2009년)

하늘에서 본 팔달문 주변 (2009년)

한 근대도시 개발 때문에 옛길은 이제 절반에도 못 미친다.

정조는 무슨 까닭에 이곳에 새로운 성곽도시를 만들었을까. 옛 수원은 지금의 용주사 일대로 현재 융건릉 재실자리가 당시의 관아 터다. 정조는 할아버지 영조에 의해 비참하게 죽은 아버지의 묘를 배봉산(현 청량리)에서 용주사 뒷산으로 이장했다. 조선 최고의 명당이었다. 돌아가신 부모를 좋은 땅에 묻어드리는 것은 최고의 효도였다. 그리고 용주사란 절을 지어 아버지의 명복을 빌었다.

정조와 핵심 참모들은 옛 수원을 이전하기로 방침을 세웠다. 조선시대에는 왕릉, 또는 세자의 원이 들어서면 능 보호를 위해 사방 10리 이내의 민가를 철거했다. 그만큼 신성시했기 때문이다.

새로운 도시를 물색하던 중, 지금의 수원이 옛 고을보다 넓고 서울과 지방을 연결하는 지형으로 안성맞춤이라 생각했다. 측근들은 족히 1만 가구가 성을 중심으로 살 수 있는 명당이라고 정조에게 보고했다. 화성이 축조되기 전 팔달산 아래는 1,300호에 5천여 주민들이 살고 있었다. 하지만 이곳에 신도시를 건설하면 턱없이 부족한 인구였다.

정조는 여기서 조선의 새로운 개혁을 일으키려 했다. 아버지에 대한 효심이 화성축성에 작용했지만, 당파정치를 타파하고 자신의 원대한 정치적 포부와 왕권강화를 이룩하기 위해 서울 남쪽에 강력한 국방요새를 만들고자 했던 것이다.

1794년 1월, 드디어 나라에서 새로운 도시를 건설한다는 명령이 떨어졌다. 정조는 화성을 유수부로 승격시켰다. 개성, 강화, 광주 다음이었다. 유수부는 한양 남쪽방어와 행정을 담당하는 군사, 행정, 상업도시의 성격이 강했다. 그리고 이주를 해야 하는 백성들의 원성을 최소화하기 위해 주력하면서, 상권을 키우기 위해 서울, 평양, 개성 일대의 상인과 전국의 백성들을 모으는 데도 집중했다.

이주하는 민가에는 임금의 개인 재산을 털어 땅값을 넉넉하게 보상해주고, 새집을 지을 때는 자금까지 대주었다. 이주하는 백성들은 감격의 눈물을 흘렸다.

도시가 성장하자 도시를 지키는 성곽을 쌓아야 한다는 의견이 대두됐다. 정조는 화성을 평소 좋아하던 버드나무 잎 모양으로 자연 지세를 최대한 이용해 설계하도록 지시했다. 정조의 명을 받은 실학자 정약용은 우리 역사상 가장 완벽한 성곽을 설

모형으로 만든 화성의 옛 모습

계했다.

　최초 화성 설계는 장안동 안쪽으로 현재의 성곽보다 좁게 설계돼 주거지역이 철거될 위기였다. 서장대에 올라 이곳을 내려다보던 정조는 화성축조의 반대여론과 예산 추과에 따른 재정부족에도 불구하고 '성을 세 번 구부렸다 폈다 해서라도 장안동 일대 민가를 모두 수용하라'는 어명을 내렸다.

　초기 축조 예산은 50만 냥으로 추산됐으나 실제로는 87만 냥과 쌀 1,500석이 조달됐다. 성곽을 쌓을 때 동원된 백성들에게는 노동의 대가도 지불했다. 공사의 탄력을 위해 새로운 기구들이 등장했다. 수레의 일종인 유형거와 도르래인 녹로, 기중기인 거중기가 개발됐다. 성벽도 석재와 벽돌을 혼합했다. 적의 공격이 예상 되는 곳에는 벽돌로 쌓았다. 벽돌 성벽은 대포 공격에도 견딜 수 있기 때문이다. 정조는 157년 전 병지호란 당시 남한산성에서 청군이 쏜 홍이포의 참상을 떠올리며 성벽을 요새로 쌓은 것이다. 곳곳에 치와 포루, 성문 인근에 공심돈을 축조했다.

　그리고 화성 축성이 마무리될 쯤 정조는 어머니의 회갑잔치를 화성행궁에서 열었

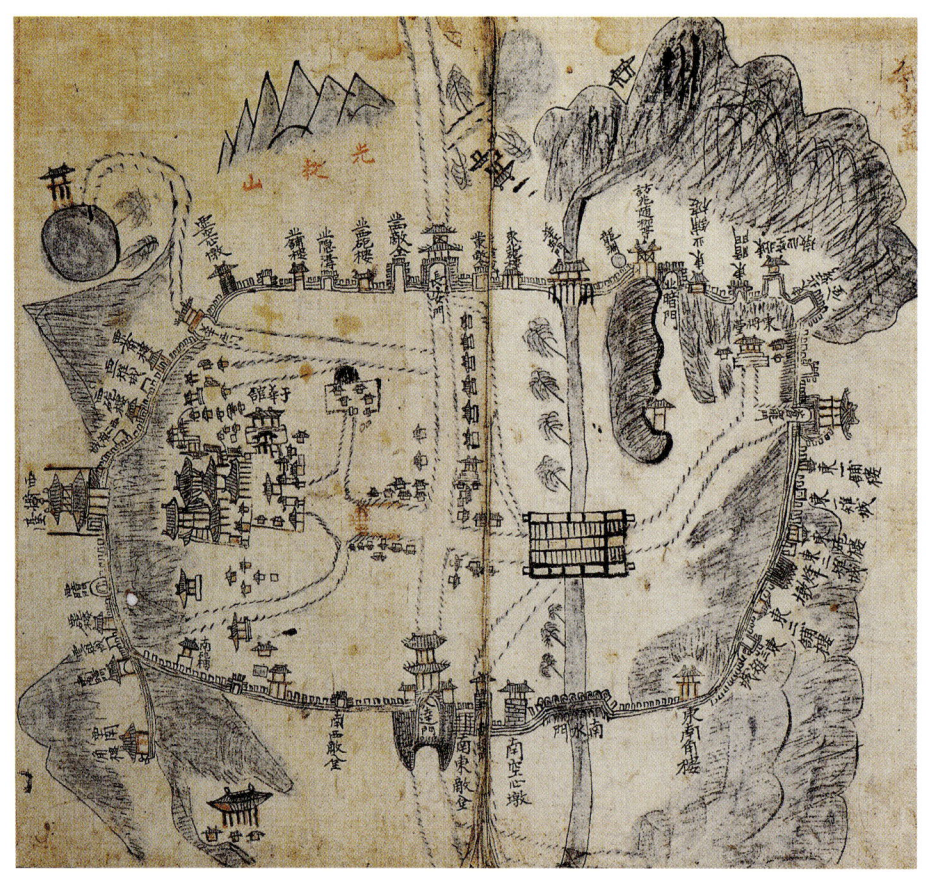

18세기 후반에 그려진 '화성도'

다. 그때 을묘년(1795) 행사와 아버지 묘인 현륭원을 참배하는 8일간의 원행 행차의 모든 과정을 그려『원행을묘정리의궤』로 남겼다.

  화성이 완공된 후에는『화성성역의궤』를 만들어 전체 공사과정을 한눈에 알아볼 수 있도록 기록으로 남겼다. 200년 전, 이렇게 완벽한 공사내역을 남긴 나라는 조선 밖에 없었다. 1796년 9월, 2년 9개월 만에 화성이 완공되자 전국의 백성들이 성안으로 모여들었다. 성문 주변에 5일 장터가 생기자 옹기점, 대장간, 술도가도 들어섰다. 오만가지 가게가 늘어선 저잣거리는 언제나 사람들로 복작거렸다. 화성은 전국에서 가장 활기찬 신도시가 된 것이다.

팔달문에서 본 동종 모습

말이 통하지 않아도 한 장의 사진은 많은 사람들에게 감동을 준다. 특히 역사의 자취를 들춰내는 사진은 그 시대로 되돌아가는 것과 다르지 않다. 성곽의 고졸한 모습이 담긴 옛 사진을 들춰보노라면, 30여 년 세월을 빨치산 전사처럼 배낭을 들쳐 메고 전국의 성터를 기록해온 사진장이의 감회는 남다를 수밖에 없다.

1905년 이전의 화성 팔달문 주변 모습이 담긴 사진이 공개됐다. 수원박물관이 제공한 이 사진은 멸실되기 이전의 팔달문 밖 풍경이다. 지금까지 공개된 화성사진 중에서 가장 오래된 것이다.

사진에는 길옆에 늘어선 허름한 초가들 사이로 당나귀를 끌고 성안으로 들어가는 사람, 아이를 데리고 성 밖으로 나오는 사람, 옹성문 안에는 오가는 사람들을 검문하는 옛 군사들의 초소도 보인다. 현재의 팔달문 모습과는 사뭇 대조적이어서 눈길

1905년경의 팔달문 앞 풍경. 왼쪽으로 긴 바지랑대에 용수를 걸어 여기가 주막집 임을 알리고 있다.

이 머문다.

 팔달문에서 비스듬히 비껴선 골목으로 초가들이 들어서있고, 초가지붕 위로 바지랑대에 용수가 높이 달려있다. 파전이나 족발, 술독은 보이지 않지만 그것이 주막집 간판이었고, 서민들의 희로애락을 달래주던 장소라는 것을 단박에 알 수 있다.

 "당당홍의 정초립이 계수나무 능장 짚고 건양재로 넘나든다. 반달이냐 왼달이냐 네가 무슨 반달이냐 초생달이 반달이지"

 조선 24대 헌종 때 장안에서는 임금의 행동을 풍자해 이 같은 노래가 유행했다. 건양재는 창덕궁에서 창경궁으로 넘어가는 고개 이름이다. 헌종은 이곳에 육각정을 지어, 민가에서 미색이 뛰어난 젊은 여자를 뽑아 반월이라는 이름을 지어주고, 그곳에 살게 했다. 임금은 남의 눈을 피하려고 남루한 옷차림으로 반월을 찾아 주색을 즐겼다 한다.

수원화성의 남문이었던 팔달문 전경 (1991년)

팔달문 안에 장이 섰다. 물건을 파는 이나 구경하는 이나 급할 게 없는 한가한 풍경이다.(1929년)

하지만 화성의 주막은 그것과는 달랐다. 임금도 반월이도 없었다. 장을 보러오는 백성들의 시장기를 채우는 식당이며, 오랜만에 만난 이웃과 사돈의 팔촌까지 안부를 주고받는 평민들의 자리였다.

정조가 승하한 후, 1백여 년이 흘렀다. 조선의 국운은 일본의 강권으로 침몰해 가고 있었다. 화성의 팔달문 앞에는 신작로가 생겼고, 성문 앞에 보이던 소달구지도 근대화 물결 속에 밀려났다.

1913년 수원전기회사가 설립되면서 화성의 거리와 성벽주변에 전봇대가 세워졌다. 초가들은 사라지고 양철지붕으로 교체됐다. 도로변 가게들은 일본 상점들로 탈바꿈했다. 일본인들이 모여 사는 팔달문, 수원역 주변이 변하면서 거리는 달구지 대신 그들을 태울 인

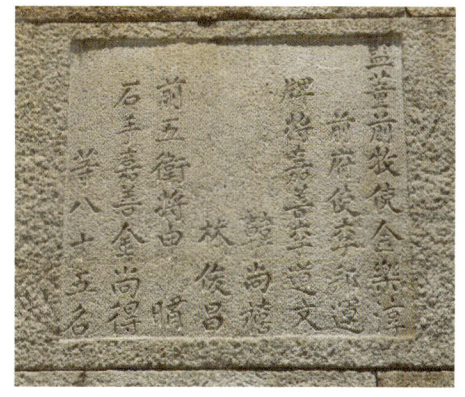
팔달문 명문

오른쪽 위 | 옹성에서 본 팔달문 (2008년)
오른쪽 아래 | 팔달문 2층 문루
왼쪽 | 팔달문 천장의 용그림 (1979년)

성문과 옹성문을 일직선 형태로 낸 팔달문 (2010년)

력거가 거리를 메웠다.

그리고 다시 1백년이 흘러 일본인은 떠났고, 화성 팔달문이 상권을 다시 찾은 수원 상인들은 시장을 형성해 활기찬 모습으로 생활하고 있다.

팔달문(보물 402호)은 화성의 남쪽 문이다. 일본인들이 들어오면서 남문으로 부르기 시작했다. 정조는 행궁에서 사도세자의 묘인 현륭원으로 갈 때 이 문을 이용했다. 문을 나서면 사방 어디든 소통할 수 있다 해서 팔달문으로 지었다. 충청도와 전라도, 경상도 사람들도 한양을 오갈 때 이 성문을 통했다. 성문 앞에는 문을 보호하기 위해 반원모양으로 벽돌 울타리를 쌓고, 중앙에 출입구를 냈다. 보통의 경우 옹성 출입구는 반원 끝부분에 있지만, 화성의 팔달문과 장안문은 통행에 불편함을 덜기 위해 성문과 옹성문을 일직선으로 냈다.

성문 좌우에는 비상시 적군을 방어하는 적대도 세웠다. 그러나 일제는 도시가 확

팔달문 2층 문루 단청 (2009년)

장되면서 팔달문과 연결된 성벽과 적대, 옹성까지 허물어 버리고 자동차 통행을 위해 로터리를 만들었다. 그 후 1970년대 국방유적 중건사업이 시작되면서 1975부터 5년 간 무너진 구간을 보수하였고, 팔달문 옹성도 그때 복원했다.

지금도 국책사업으로 건설하는 고속도로나 대규모 건축물에는 공사구간을 맡은 기관이나 건설회사의 명칭을 기록해 놓은 안내판을 남긴다. 조선시대 성곽에도 축성 공사를 책임진 구간 책임자를 적어놓은 글씨가 성벽 또는 성문 홍예석에 남아있다. 화성도 여러 곳에 새겨놓았는데, 팔달문 성벽에도 글자가 또렷이 남아있다.

팔달문은 장안문과 함께 화성 시설물 중 가장 크다. 중국의 성문을 본뜨기는 했지만 과학적인 방법으로 설계했기 때문에 그보다 훨씬 웅장하다. 팔달문 성문 천장의 용 그림도 숭례문(국보 1호)의 용 그림보다 더 힘차고 화려하다. 용은 국왕을 상징한다.

오른쪽 위 | 팔달문을 지키는 거북상 (1979년)
왼쪽 | 팔달문 2층 문루에 100여 년 동안 매달려 있던 팔달문 동종 (2009년), 지금은 수원박물관으로 자리를 옮겼다.

　조선시대 대도시인 서울, 개성, 남한산성 등에는 종로라는 지명이 붙은 거리가 반드시 있었는데 수원에도 종로거리가 있다. 종로라 부르게 된 배경은 사람들 왕래가 많은 거리에 누각을 지어 통행시간을 알리기 위해 종을 매달면서 붙여진 이름이다.
　화성 동종의 내력도 재미있다. 고려(1080년)때 개성 어느 절에서 만들어진 420kg의 동종이 화성 동탄면 무봉산에 있는 만의사로 오게 된다. 그런데 조선시대 학자인 우암 송시열의 묘지가 이곳으로 정해지면서 만의사는 다른 곳으로 옮겨가게 됐다. 갈 곳 없는 종은 화성이 완공되자 행궁 앞 종각으로 옮겨졌다.
　화성에 온 동종은 성을 드나들던 사람들의 통행시간을 알리는 용도로 사용했다. 은은한 종소리가 종각에서 울리면서 종로란 지명도 생겨난 것이다.
　하지만 조선의 국운이 다하자 일제는 종각을 그냥두지 않았다. 누각은 헐렸고, 1911년 8월 동종은 팔달문 2층 누상으로 옮겨졌다. 화성 백성들과 희로애락을 나누던 그 종은 이렇듯 꽤나 고달픈 내력을 가지고 있다.
　지난 2007년, 문화재청은 동종의 중량으로 훼손됐을 것으로 예상되는 팔달문 문루를 정밀조사했다. 외형적으로는 문제가 보이질 않았지만, 2층 들보가 처지고 기둥과 기둥 사이에 틈이 생겨 기울어지는 현상이 발생했다. 또 처마를 받쳐주던 공포도 앞쪽으로 쏠려 변형이 생겼다.

동종 때문에 하중을 견디지 못한 목조건축물 팔달문은 만고풍상(萬古風霜)을 겪었다. 수원시에서는 팔달문의 비틀어진 목조부문을 해체하고, 2010년 2월 보수를 시작해 제 모습으로 다시 태어난다. 그동안 문루에서 떠돌던 정조의 혼령도 이제 편히 쉴 수 있으리라. 일제로 인해 부서지고 사라진 것이 어디 이것뿐이랴, 쓸 만한 유적은 그렇게 사라져 버렸다.

동종이 팔달문 2층 누상에 100년 동안 매달려 있었다는 것은 잘 알려지지 않은 이야기다. 그러다 동종을 볼 수 있는 기회가 왔다. 2008년 6월 19일, 동종 정밀검사를 하는 날이다. 종은 문루 2층 동쪽 끝부분에 걸려 있었다. 1.23미터 높이에 지름은 0.75미터로 큰 종이었다. 종 걸이는 음통이 없는 용두뿐이고, 상대에는 글씨를 넣은 수십 개의 문양을 두 줄로 돌렸고, 하대에는 보상당초화문이 그려져 있었다. 종신에는 종을 주조한 장소와 연대 유래가 새겨져 있었다.

당시 수원박물관 이달호 학예연구사는 '지난 2월 숭례문 화재사건 이후 팔달문도 안전문제가 제기돼 보존차원에서 이 동종을 새로 개관하는 박물관에 옮겨야 한다'고 했다. 하지만 문화재청에서 이전 승인이 나지 않자 모형이라도 만들기 위해 정밀검사를 한다고 밝혔다. 다음날 "감옥살이하는 동종을 시민의 품으로 돌려주자"는 기사를 데일리안 사회면에 게재했다. 그 동종은 2개월 후인 2008년 10월에 개관한 수원박물관으로 옮겨졌고, 이달호 학예연구사는 현재 수원박물관 관장이 됐다.

박물관으로 옮겨가기 전 문루에 매달려있던 동종의 마지막 모습을 그나마 사진으로 찍어둔 것이 얼마나 다행인가. 사진 한 장이 뭐 대단하다고 할지 모르지만, 한 장의 사진은 역사의 기록이고 역사의 증거이기 때문이다.

팔달문의 문루 내부는 어떠했을까. 단청문양이 그려져 있는 다포집은 장엄하면서도 고색창연했다. 외부에서 보는 팔달문과는 상상을 달리했다. 보물은 멀리 있지 않았다.

산줄기에 길게 늘어진 용도

일제강점기에 철거된 성벽은 팔달문에서 서쪽 산 아래까지 50여 미터 남짓 잘렸고, 성벽이 있던 자리에는 상가건물이 들어섰다. 남은 성벽은 산기슭부터 시작된다. 산성이나. 읍성을 답사할 때 강조하고 싶은 것은 성벽을 제대로 감상하려면 성 바깥쪽으로 걸어야 한다. 성 안쪽에 비하면 걷기에 반듯한 길은 아니지만 성벽 뿌리부터 성첩까지 제대로 볼 수 있으며, 특히 옛 맛이 묻어난다는 장점이 있다.

성벽을 따라 걷다보면 밖으로 툭 튀어나온 성벽이 치성이다. 남쪽에 있어 남치라고 부르는데 밖으로 돌출시켜 놓아 적의 침입을 미리 발견할 수 있도록 한 시설물이다. 화성 치성위에는 다락집이 없다. 이런 시설의 치성은 8개소나 된다.

하늘에서 본 서남각루와 용도 (2009년)

하늘에서 본 팔달산과 서장대의 모습 (2009년)

총안을 통해서 본 성 바깥 풍경. 산책을 나선 시민들의 걸음이 가볍다.

　화성답사는 지루하지 않다. 성벽을 걷다가 숨차다 싶을 정도마다 치성 또는 포루가 있다. 잠시 쉬면서 내부 건축물을 자세히 관찰해도 좋을듯하다.
　팔달산 가파른 곳에서 남포루를 만난다. 포루도 치성과 마찬가지로 밖으로 돌출되어 있지만, 치성과 다른 점은 큼직한 석재를 쓰지 않고 납작한 검은 벽돌을 차곡차곡 쌓아올린 다음 그 위에 누각을 세웠다. 내부는 3층으로 만들고 안에서 밖으로 대포를 쏠 수 있도록 홈을 냈다. 화성에는 포를 쏠 수 있는 이런 시설이 5개소에 설치되었다.

급하게 솟은 성벽을 따라 올라서면 왼쪽으로 산등성이가 길게 이어진다. 100미터는 족히 넘을 것 같은 이 성벽이 용도다. 용도는 산 아래서 능선으로 올라오는 적을 막기 위해 구축한 시설물인데 화성에는 이곳뿐이다. 하늘에서 본 용도는 천혜의 진지를 구축해 놓은 것 같다. 용도 중간 부분 좌우에 치성을 만들었고, 용도 끝머리에도 적당한 폭으로 치성을 냈다.

화성은 완벽한 설계로 축성한 요새였지만, 실제 전쟁을 겪지는 않았다. 다만 6.25 한국전쟁 때 북한군의 남진으로 화성 일부가 폭격당한 일이 있었다.

용도를 지나 본성으로 가는 길에 튼실해 보이는 서삼치가 앞에 있다. 치를 지나면 성안으로 들어가는 넓은 자동차 길이 열린다. 화재 진압이나 유사시 통로로 사용하기 위해 낸 길이다.

남치 아래로 이어진 성벽 (1995년)

포사가 있는 서남 암문 (1985년)

서남암문에서 만난 외국인 관광객들 (2008년)

38 | 수원화성, 긴 여정

성안으로 들어서면 오른쪽 30미터 거리에 우뚝 솟은 서남암문이 보인다. 우리나라 성곽의 암문은 대부분 굽어지는 곳, 적의 눈에 쉽게 띄지 않는 곳에 축조돼 있다. 하지만 이곳은 자연지세의 이점을 최대한 살려 높은 곳에 암문을 세웠다. 암문위에는 포사를 지어 높은 곳에서 적을 공격하는데 유리하도록 했다. 일제강점기에 멸실됐던 포사는 화성복원 때 다시 지었다. 화성에는 성벽을 따라 모두 5개소의 암문이 있었는데, 팔달문 인근의 암문은 일제강점기에 도시개발로 헐렸고, 현재 4곳만 남아있다.

암문을 빠져나와 용도의 안쪽을 따라 들어간다. 양쪽 용도위에는 가슴 높이 만큼 성첩이 복원되어 있다. 성첩은 여장으로도 부르는데, 성벽 위에 낮게 쌓은 성벽이다. 적군이 성벽 밖에서 접근할 때 몸을 숨겨 총, 또는 활을 쏠 수 있는 시설이다.

옛 군병들이 다 떠난 성첩 저 끝에는 용도의 망대인 서남각루, 일명 화양루가 보인다. 화양이란 화성의 남쪽이란 뜻이다. 수원의 동남서쪽 방면이 이곳에서 조망된다. 사람들의 발길이 뜸한 곳으로 화성에서 이만큼 호젓한 장소도 없다. 이쪽저쪽에서 속삭이는 연인들의 모습을 흔히 볼 수 있는 곳이다.

2008년 6월 19일의 일이다. 팔달문 동종 사진을 찍고 난 후 성벽을 따라 이곳에 올랐다. 때마침 남아공화국에서 왔다는 세 분의 여성관광객을 만났다. 그 중 한 분은 한국에서 학원 강사로 일하고 있었는데, 고향 친구 2명을 초대해 수원화성에 관광 온 것이다.

서남암문에서 그녀들은 처음 보는 화성에 빠져들었다. 이렇게 아름다운 시설들이 군사용도로 지어졌다는 것이 놀랍다고 했다.

신분을 밝히고 사진 몇 장 찍어 신문에 기사를 실었다. 며칠 후 그들로부터 메일이 왔다. 인터넷으로 기사내용을 보았다면서 너무 좋아했다. 2010년 6월, 월드컵 때 남아공화국에 오면 원주민들만 집단 거주하는 지역을 안내할테니 방문하라는 것이었다. 기회가 되면 간다고 답을 했지만 실천에 옮기지 못했다.

그때 그녀들과 함께 성곽답사를 해주지 못한 것이 못내 아쉽다. 내 시간만 계산했기 때문이다. 그날따라 화성의 해설사도 보이지 않았다. 어디쯤에 해설사가 있다는 안내판 조차 보이지 않아 안타까웠다.

서장대 야경 (2010년)

서장대의 서글픈 내력

　서남암문을 나와 북쪽정상에 우뚝 선 서장대를 만나러 간다. 그곳으로 가는 길은 부드러운 황톳길이다. 흙냄새와 싱그러운 풀잎냄새가 물씬 풍기는 고향의 둔덕 같은 길이다.

　장대는 성곽일대를 한눈에 볼 수 있는 장군의 지휘소다. 화성에는 서장대와 동장대가 있다. 서장대는 화성에서 가장 높은 팔달산 정상에 2층의 누각으로 지은 집인데 화성의 총지휘본부로서 화성장대(華城將臺)라고도 불렀다. 이 장대에 오르면 사방 100여리가 한눈에 들어온다.

　지금의 서장대는 과거에 무슨 일이 있었나 싶을 정도로 멀쩡하지만, 정조가 세상을 떠난 지 100여년 후부터 서장대는 무성한 잡초 속에 힘겹게 서있었다. 지붕의 기와는

일제 강점기, 금방이라도 무너져내릴 듯 위태롭게 세월을 버티고 선 서장대의 모습

서장대 전경 (1995년)

떨어져 나가고, 금방이라도 무너질 듯 폐허로 변했다. 장대 앞마당에 한복차림의 갓을 쓰고 쪼그리고 앉아있는 조선인이 보이고, 그 옆에서 야릇한 표정으로 조선인을 쳐다보는 일본인이 찍힌 한 장의 사진은 왠지 모를 서글픈 느낌을 준다.

뿐만 아니다. 서장대는 서글픈 내력을 갖고 있다. 한국전쟁 때는 주초석만 남기고 완전히 사라졌었다. 성벽 일부와 성첩도 부서지고 주저앉았다. 1967년 4월, 한 외국인이 찍은 서장대의 처참한 모습을 보면 저런 때도 있었던가, 안타깝다. 사진 한 장의 소중함을 다시 한 번 일깨워준다.

서장대는 많은 사람들의 소원으로 1971년 다시 지어졌으나, 1996년 여름에 화재로 1,2층 모두 타버렸다. 그리고 10년 후인 2006년 5월 1일 새벽, 술 취한 행인의 방화로 누각 2층이 또 다시 소실됐다. 서장대는 중건과 화재가 거듭됐다. 무슨 사연이 많아 저리도 수난을 당하는 것인지 가슴이 아프다.

1971년에 복원된 서장대 전경 (1995년)

파괴되어 사라진 서장대 전경 (1967년)

활을 쏘던 서노대 (1991년)

　　장대 뒤쪽에는 3미터 높이의 팔각형 노대가 있는데 사방이 뚫려있다. 적이 성벽에 바짝 붙으면 연발로 활을 쏠 수 있는 군사시설이다. 한국전쟁 때 폭파됐던 것을 서장대 복원 때 다시 세웠다. 화성에는 이곳과 창룡문 인근 2곳에 노대가 있다.

　　2층 누각의 화성장대(華城將臺)라고 쓴 편액은 축성당시에는 정조의 어필원본이었으나 오래전에 고궁박물관으로 옮겨졌다. 현재 걸려있는 것은 2006년 중건하면서 어필을 본떠 걸었다. 정조임금의 예지가 번뜩이던 서장대, 서슬 퍼렇게 살아있던 시절의 서장대를 생각하면 우리는 유적조차 보호하지 못하는 역사의 죄인이라는 생각에 면목이 없다.

　　봄의 한가운데인 4월 어느 날, 화성의 여명을 보기위해 서장대 뒤편 노대위에 올라갔다. 서장대 기둥사이로 떠오르는 장엄한 태양은 예나 다름없다. 발치 아래로 보이는 행궁은 아침햇살에 실루엣을 그리며 장관을 이뤘다. 정조가 남긴 화성은 이제 엄청난 부가가치를 올리는 세계유산으로 다시 태어났다.

　　지난 2월, 수원화성이 문화체육관광부가 선정한 '한국을 대표하는 관광으뜸명소'에 선정됐다. 관광으뜸명소는 중앙정부에서 1단계로 문화콘텐츠형, 역사문화형, 자

서장대 일출

하늘에서 본 서장대

연생태형 등 3개 유형별 48개소를 1차 후보로 선정한 뒤, 2단계로 온라인 평가와 선정위원회 평가 결과를 바탕으로 10개 지역을 선정하고, 마지막으로 문화체육관광부와 한국문화관광연구원, 관련교수, 기자로 구성된 선정위원회의 현장 평가를 거쳐 최종적으로 선정하는 것이다. 화성의 관광으뜸명소 선정은 독특한 자연환경과 역사적 배경, 문화 등이 어우러진 가장 한국적 매력을 지니고 있다는 증표이다.

내·외국인 관광객에게 추천할 만한 대표 명소로 인정받은 화성은 문화체육관광부가 관광콘텐츠를 추가 개발해 국내·외 홍보 등 맞춤형 지원을 제공하게 된다.

염태영 수원시장은 "수원화성이 한국을 대표하는 관광으뜸명소로 선정돼 우리나라에서 최고의 역사문화 아이콘으로 부각됐다"며 "520만 관광객 시대의 동력으로 작용할 것이고 이를 발판으로 수원을 명실상부한 대한민국 관광거점도시로 만들어나가겠다"고 밝혔다.

보일 듯 말 듯 한 작은 문

서장대에서 남쪽으로 50미터 아래쯤에 성벽 밑으로 난 계단을 내려가면 서암문이 나온다.

암문은 성벽이 굽이진 곳이나 후미진 곳에 낸 옛 군사들의 비밀 통로이며, 성 밖에서 외부세력이 관찰하기가 어렵다. 이런 암문은 화성을 축조할 때 5군데나 만들었으나, 팔달문과 남수문 중간에 있던 남암문은 일제강점기에 도시개발로 멸실되고 말았다.

이곳 서암문은 다른 암문보다 구조가 특이하다. 성벽에서 일직선으로 뚫어낸 것이

서암문 옆으로 노랗게 피어난 개나리가 봄을 알린다. (2009년)

여학생들의 등하교길 통로가 된 서암문 (2008년)

성 밖 팔달산 산기슭은 암반과 소나무가 조화를 이뤄 호젓한 풍경을 연출한다. (2009년)

아니라 계단을 타고 내려가면서 90도 각도로 꺾어지는 곳에서 연결했다. 외부에서는 암문을 찾기가 어렵다. 그리고 빗물이 암문바닥으로 흐르지 않도록 계단에서 성벽을 뚫어 배수구를 만든 세심함도 보여준다. 서암문은 지형상 군 작전으로 긴요하게 쓰일 요충지다.

서암문은 전설의 고향에나 등장할 만큼 화성에서 가장 오싹한 곳에 있다. 성벽아래 감추어져 있어 안쪽에서는 보이지 않는다.

삼국시대나 조선 중기까지의 전쟁은 사람의 힘을 이용한 창, 칼, 활을 무기로 이용해 적을 공격했다. 그러다 임진왜란과 병자호란을 거치면서 무기체계도 변화하였다. 화약을 쓰는 대포로 바뀐 것이다.

병자호란 당시 남한산성에서 청병이 쏘아댄, 화포의 위력에 놀란 조선은 전쟁이 끝나고 성벽을 보수하면서 새로운 축조법의 옹성과 포루를 구축했다. 정조는 남한산성에서의 경험을 최대한 살려 화성을 설계한 것이다.

서암문 밖은 서장대 뒤쪽이며, 화성에서 가장 높은 곳이다. 성벽의 바깥도 암벽이어서 다닐 때 조심해야 된다. 이쪽은 비교적 축성당시의 성벽이 잘 남아있는 편이다. 우리나라 대부분의 읍성은 네모반듯하게 다듬은 큰 무사석을 성벽 바깥쪽으로 쌓았다. 하지만 화성은 적당한 크기의 성 돌을 서로 엇갈리도록 쌓았다.

이는 적의 포탄에 대비해 피해를 줄이기 위해서다. 성벽 돌의 면적이 큰 곳에 포탄이 떨어지면 돌 전체가 깨지면서 무너져 내릴 공산이 컸기 때문이다.

표면이 넓은 돌은 성벽 안쪽으로 넣어 쌓았다. 성벽은 안쪽이 견고하지 않으면 배불림 현상이 일어나 쉽게 무너진다. 성 쌓기에서 가장 중요한 부분이 성벽 안쪽이다.

서암문 밖의 산기슭은 암반과 소나무가 어우러져 호젓하다. 산책하는 사람, 데이트 하는 연인들, 깔깔대는 여학생들에게도 인기코스다.

수원화성에 둘러싸인 수원 시가지 (2010년)

화성 옛길이 되살아난다

벚꽃과 진달래가 만발한 성벽 길은 서이치가 단연코 으뜸이다. 꽃무리가 성벽과 어우러져 유혹한다. 감정이 무딘 사람도 이곳에선 로맨틱해질 수밖에 없다. 노송에 둘러싸인 서포루도 창연함이 묻어난다.

한 장의 사진은 모든 것을 압축해 보여준다. 사진은 자기표현을 제대로 전달하는 도구로서 최상의 수단이다. 사진은 역사의 증거이자, 아득한 기억을 불러낸다. 여기 한 장의 사진이 그것을 말해준다.

둔덕처럼 이어진 성벽위로 성첩은 흔적만 남아있다. 성안에는 초가와 기와집이 옹기종기 모

서이치에서 본 화서문 일대의 옛 풍경. 초가집과 기와집이 옹기종기 모인 풍경이 정겹다. (1967년)

서서히 개발이 진행중인 장안문 주변 풍경 (1979년)

였다. 성벽 오른쪽 끝에서 들녘으로 나가는 길목에는 화서문이 서있다. 성벽뿌리 아래로 허허로운 벌판이 길게 늘어졌다. 화성이 완성되고 군병들의 식량을 자족하던 대유평(大有坪)이 눈앞에 펼쳐진다. 멀리로 1795년 화성을 쌓으면서 인근에 입주한 백성들이 농사를 지을 수 있도록 만든 저수지 만석거가 흐릿하게 보인다.

    사진 한 장에 보이는 풍경들이 겨우내 늘어지게 쉬다가 생기가 살아나는 4월의 모습으로 남아있다. 정조가 그토록 갈망했던 저수지와 경작지가 이곳에 있었으나, 지금은 아파트와 건물들로 인해 자취도 없이 사라졌다.

    45년 전 서이치에서 내려다 본 정겨운 풍경은 1966년 8월~1967년 8월까지 미육군 엔지니어로 한국에서 근무한 게리 헬센(Gary Aurthor Helsene)이란 미국인이 렌즈

허허벌판이 아파트촌으로 | 55

서장대에서 본 성안 전경. 격세지감이 느껴질 만큼 전원풍이다. (1967년)

에 담은 것이다.

  그가 찍은 화성사진은 전문가 수준을 뛰어넘는다. 일반인이라면 피사체를 한 부분, 또는 성벽줄기만 찍는 것이 대부분인데, 그는 성벽 안팎의 풍경을 화면에 담아 당시의 생활상을 파악하는데 초점을 맞추었다. 그는 화성을 카메라에 담으면서 어떤 감동을 받았을까. 할머니에게 들은 아득한 이야기속의 나라를 생각하면서 셔터를 눌렀을지도 모른다. 그가 찍은 사진이, 비록 정지된 한 장의 사진이지만 우리에게는 귀중한 역사로 남았다.

빨치산 전사처럼 배낭하나 걸머지고 버려진 성곽을 찾아 헤매는 나에게 그가 찍은 화성의 옛 모습은 큰 감명을 주었다.

게리 헬센이 사진을 찍은 장소에서 반세기가 지난 현재의 모습을 보니 당시의 풍경은 그 어디서도 찾을 길 없다. 드넓은 평야는 아파트촌으로, 성안의 초가는 현대식 주택으로 모든 것이 변했다.

고개를 오른쪽으로 돌리면 그가 찍은 또 한 장의 사진에 남아 있는 정조의 어진을 봉안한 화령전 건물이 담장에 둘러싸인 채 예스럽게 남아있다. 폭격으로 2층 문루가 사라진 장안문과 온전하게 남은 화홍문, 방화수류정이 화면에 담겨있다. 수원천을 거슬러 올라가면 산줄기 아래 일제강점기에 준공된 광교저수지 방죽까지 조망된다. 1960년대 수원은 먼지하나 없는 청정함 그 자체였고, 아늑히 보이는 행궁동과 장안동의 민가들은 옛 추억이 묻어나는 정겨운 풍경으로 다가온다.

"화성축성 당시 성안의 옛길 절반이 아직도 남아있습니다. 남문서 북문까지의 대로는 200년이 지나면서 변형됐지만 소로는 살아있지요. 옛길을 가로막은 민가 다섯 채만 매입하면 정조시대의 길을 연결할 수 있습니다."

김충영 수원시청 건설교통국장은 앞으로 화성의 옛것을 되살리는 작업이 염태영시장의 숙원사업이라고 했다.

사라진 옛길을 찾아 김국장과 동행했다. 행궁 정문인 신풍루에서 팔달문 방향으

화성 축성 당시부터 이용해 왔던 화성 옛길이 여전히 남아 있다. (2010년)

로 200m 정도 가다보면 '한우물 길'이라는 이정표가 나온다. 옛 길에 오래된 우물이 하나있어 지명까지 그렇게 붙었다. 그 길목 왼쪽에 한옥 한 채가 온전하게 남아있다. 어림잡아 200년은 헤아릴 수 있겠다. 한옥 담장을 끼고 길게 늘어진 길이 화성축성 당시 옛길이다. 지금은 한적한 길이지만 1970년대 후반까지만 해도 사람들로 복작거렸다.

특히, 1961년 한국문예영화의 금자탑을 쌓았던 신상옥 감독의 '사랑방 손님과 어머니' 촬영 장소였다니 깜짝 놀랄만 하다. 현재 한옥 벽면에는 영화촬영 장소라고 쓴 초록색 아크릴 안내판이 붙어있지만, 50년이 흐른 지금에야 당시의 영화 팬들만 아는 추억의 거리가 됐고, 그 앞으로 흐르던 실개천은 복개된 지 오래다.

다시 화령전 주변으로 가면 무속인들의 밀집지역이 나타나는데, 그 일대 소로들이 모두 옛길이다. 이쪽은 문화재 보호구역이라 개발이 금지되어 1970년대 분위기가 여전히 남아있다.

그러나 행궁 앞은 이제 드넓은 공간으로 정비됐고, 돌다리와 홍살문도 복원했다. 국내에서 유일하게 화성의 옛길을 조사·연구해 박사학위를 받은 김충영 국장은 30년 공직생활 대부분을 화성복원에 바쳤다. 성안 사람들은 그를 만나면 '성주님'이라고 인사를 나눌 정도다.

수원시는 2018년까지 정조 당시의 화성으로 완벽하게 복원을 마치고, 국내외 관광객이 성안에서 체류할 수 있는 다양한 콘텐츠를 개발하는 것이 목표라고 했다.

역사는 과거와 현재가 공존하며 흐른다. 서포루와 서일치 사이에는 팔달산을 관통해 화성을 순환하는 관광열차도 태어났다. 화성탐방이 끝나면 한번쯤 관광열차를 타보는 것도 색다른 추억이 될 것이다.

서북각루에 올라서면 세상을 얻은 기분

　서일치를 지나면서 성벽이 급하게 굽어진다. 곡선 성벽위에 서북각루가 자리 잡았다. 다락형태의 이 각루는 벽면이 없고, 사방이 뚫려 있다. 군사시설보다는 정자에 가깝다. 화성의 건축물은 이렇게 제각각 모양이 다르고 특색이 있다. 이쯤에서 각루에 올라 휴식도 취하고 화서문과 서북공심돈을 감상해보자. 주의할 점은 신발을 벗고 나무계단으로 올라가야 한다.

　각루 아래 넓은 대지에서 불어오는 상쾌한 바람은 마음까지 시원해지고, 마룻바닥에 드러누우니 세상을 다 얻은 기분이다. 성벽줄기 안팎으로 멋진 그림들이 펼쳐진다. 하지만 만만하게 성벽을 감상하도록 만든 공간은 아니었으니, 화서문으로 적이 침입할 때 화서문 우측에 있는 서북공심돈과 함께 서북각루는 좌측에서 지원사격을 하는 매서운 공간이다.

서북각루에서 본 화서문 (2008년)

석양의 서북각루 (1979년)

정조는 왕권강화를 위해 1793년 강력한 군대를 발족시켰다. 국왕 호위부대 장용영(壯勇營)이다. 이 부대는 서울 왕궁에 내영(內營)을, 화성에는 외영(外營)을 두었다. 당시 외영은 직할부대이고, 서울 내영이 부속부대 정도로 인식됐다. 새로운 군사제도가 만들어져 화성방어체계는 용인, 진위, 안산, 시흥, 과천 등 다섯 고을이 화성

을 둘러싸 어느 세력도 감히 쳐들어오지 못하게 만들었다.

이중 화성에만 5천명을 주둔시켰고, 화성인근의 8천명을 합하면 외영의 군사는 1만 3천명이나 됐다. 그리고 화성 5곳에 군대를 나누어 각 요새에 배치했다.

장안문 일대를 지키는 장안위, 팔달문 일대는 팔달위, 행궁을 지키는 신풍위, 그

서북각루 밖은 아이들의 눈썰매장 (2009년)

(오른쪽 위)서북각루의 가을 풍경 (2010년)
(오른쪽 아래)서북각루 외벽 (2010년)

리고 창룡문과 화서문 일대에도 배치했다. 이들 장용영의 모든 경비는 왕실에서 나왔다. 그들은 아무 걱정 없이 무예 수련에 정신을 모았다. 예부터 내려오는 무예 24기를 익혔으며 정조는 이 무예를 체계적으로 정리해 『무예도보통지』를 편찬했다. 정조는 매년 화성에서 무과시험을 실시하여 능력 있는 무인들을 장용영외영에 소속시켜 화성방비를 더욱 강화시켰다. 하지만 정조가 승하하자 직할군대는 해체되고 말았다.

조선의 무예는 쇠퇴의 길로 접어들었다.

화서문 주둔 병력의 핵심은 서북각루였다. 용맹했던 군병들이 떠난 자리에 내가 앉았다. 서북각루 아래는 경사가 가팔라 겨울날 눈이 오는 날이면 아이들의 썰매 놀이터로 바뀐다.

화서문은 한 때 시구문이었다

수원화성의 동서남북 4대문은 저마다 특징이 있고, 숱한 이야기가 남아있다. 남쪽의 팔달문(보물 402호) 내부는 여러 가지 빛깔로 그림과 무늬를 장식해 고색창연하다. 성문 앞에는 주막과 장터가 있어 늘 많은 사람들로 복작댔다. 북쪽의 장안문은 우리나라 성곽의 문 중에서 규모가 가장 크다. 지붕을 떠받치고 있는 공포의 화려함과 2층 문루의 장엄한 무게는 정조의 위엄을 보는 것 같다. 한양서 왕궁을 떠난 정조 임금이 화성에 도착할 즈음 장안문일대는 구경꾼들로 인산인해를 이뤘다.

눈이 쌓인 추운 겨울, 화서문을 드나드는 사람들 (1930년대)

눈 덮인 화서문으로 들어서는 연인들의 모습 (2009년)

동쪽의 창룡문은 단아한 모습으로 남아있다. 성문 앞을 막은 옹성은 반달 형태로 쌓았으며, 왕래하는 사람들이 많지 않아 늘 쓸쓸했고, 6.25 한국전쟁 때 북쪽에서 내려온 피난민들이 이 성벽 주변에 정착하면서 창룡문은 그들의 삶의 애환이 서려있는 곳이 되었다.

화서문은 서쪽 문으로 축성당시의 원형이 지금까지 보존된 곳이다.

"화성을 축조할 때 성벽 석재는 인근 숙지산에서 채취해 소달구지로 운반했습니다. 팔달문과 장안문에 쓰일 목재는 바닷바람을 맞고 자란 소나무가 재질이 좋답니다. 그래서 안면도의 소나무를 베어다가 남양만으로 운송했고요, 성곽 쌓을 때 쓰인 모든 재료들이 화서문을 통해 들어왔습니다."

화서문은 한 때 시구문이었다 | 65

화서문 (1980년대)

하늘에서 본 화서문 주변 (2009년)

성 안쪽에서 본 화서문 (1934년)

김충영 국장은 화서문과 직선으로 연결된 옛길로 안내했다.
"현재는 민가 때문에 좁은 골목길이 됐지만, 개발되기 전까지는 3대의 큰 수레가 다닐 정도로 넓었답니다. 정조대왕께서 이 길로 딱 한번 지나간 기록이 있는데, 김포의 장릉을 참배한 후 부평과 안산을 경유하고, 아버지의 현륭원을 들러 화서문으로 들어왔습니다."

그는 역대 임금 중에서 공식적으로 부평, 안산을 경유한 왕은 정조뿐이라고 했다.
장안문과 팔달문 사이는 남북 방향으로 대로가 연결됐고, 서쪽 행궁에서 마주보는 동쪽은 소로가 이어졌다. 이 길은 십자로 형태로 그 사이사이로 작은 도로가 연결됐다.
하늘에서 내려다 본 화서문은 팔달산 북쪽 끝자락에 앉아있다. 화성의 3대문은 넓

(위) 초대 화성유수 채제공의 글자로 만든 화서문 편액 (1985년). (아래) 화서문과 서북공심돈 (1995년)

능선을 따라 부드럽게 이어진 화서문 여장 (1994년)

은 대지에 자리 잡았지만 화서문은 유일하게 산자락에 숨은 듯 했다. 이런 지형 덕분에 한국전쟁 때 폭격당하지 않았는지도 모른다.

　화서문은 단층문루로 소박함이 묻어있다. 성문좌우에 있는 계단으로 올라서면 작은 협문이 나온다. 협문은 언제나 개방돼 있다. 문루중앙에는 마루를 깔았다. 이 마루는 문루아래 축조한 홍예문의 천장이다. 홍예는 무지개 모양으로 쌓은 석축이며, 성을 드나드는 출입문이다. 홍예석은 안과 바깥쪽 두 곳에 세웠다.

성문 밖을 둥글게 막은 높은 성벽이 옹성이다. 팔달문과 장안문의 옹성문은 성문과 일직선으로 뚫려 있지만, 창룡문과 화서문의 옹성문은 문 형태가 아닌 성문 모퉁이에 빈 공간으로 뚫려 있다.

화서문 바깥 좌측 성벽에도 성문을 쌓은 책임자 이름과 공사내역을 기록한 글이 새겨져있다. 옛날에는 성벽을 쌓은 후 부실공사가 드러나면 책임자는 엄한 형벌을 받았다.

화서문에는 가슴 아픈 역사도 있다. 신유박해 때 처형된 천주교인들의 시신이 이곳 화서문을 통해 밖으로 나갔기 때문이다. 그래서 '시구문'으로 불렸는데, 화성에는 일제강점기에 멸실된 팔달문 동쪽의 남암문과 화서문 두 곳에 시구문이 있었다. 천주교인들의 처형장은 지금의 제일교회 주변이다. 원래 수원유수부 관할에서 체포된 흉악범들을 처형하기 위해 만든 것이었는데, 당시 사학죄인으로 몰린 천주교인들이 이곳 사형장에서 순교했다.

화서문을 오가는 학생들의 머리 위로 용의 꿈틀거림이 힘차다. (1998년)

화성의 4대문 중, 옛 맛을 간직한 화서문은 보물 403호로 지정됐다. 화서문 편액은 축성당시 것으로 초대 화성 유수였던 채제공이 썼다. 화서문은 70년대 초순까지만 해도 달구지가 오갔던 우리의 정서가 깊숙한 낯익은 풍경이었다.

성곽의 조형미가 돋보이는 서북 공심돈

서북공심돈에 오르니 성곽건축의 극치가 보인다

화서문과 연결된 서북공심돈은 수원화성 홍보물 사진으로 가장 많이 등장한다. 화서문 우측에 구축한 서북공심돈은 3층 건물로 건축모양이 특이해 호기심의 대상이다. 특히 동장대 인근의 동북공심돈은 성벽 안에 둥근 원통 모양으로 지었지만, 서북공심돈은 성벽 바깥에 치성을 쌓아 튀어나오게 지었다. 이곳에서는 왼쪽 화서문과 오른쪽 성벽 일대가 한눈에 조망되도록 망루역할까지 했다.

공심돈은 적의 동태를 살피고 접근하는 적을 공격하는 군사 시설물이지만, 외부 모양은 마치 어느 석공의 예술품 같다. 공심돈 하단은 잘 다듬은 석재로 올렸고, 그

보물로 지정된 서북공심돈 (1980년)

가을로 물들어가는 서북공심돈 (2010년)

서북공심돈에서 바라본 화서문 (1997년)

위에는 벽돌로 3층까지 쌓았다. 꼭대기에는 단층의 기와건물을 올려, 전체 높이는 13미터나 된다.

공심돈 모서리는 곡선으로 처리해 부드럽게 했다. 성벽 쌓기에서 굽어지는 회절부의 곡성 쌓기는 고난도의 기술을 요

서북공심돈 내부에 둥지를 튼 비둘기 (2010년)

서북공심돈 내부 (2010년)

한다. 이런 작업은 언제나 노련한 전문가의 몫이다. 공심돈 공사는 건국 후 처음 등장한 성곽건축의 극치로 평가받는다. 늦은 감이 있지만 지난 2월, 서북공심돈(보물 1710호)은 보물대열에 합류했다.

공심돈은 '속이 빈 돈대'란 뜻이다. 화성에는 서북공심돈과 동북공심돈, 그리고 남공심돈이 축조되었으나 남공심돈은 일제강점기 도시개발로 사라졌다.

정조는 1797년 1월 29일 매서운 추위에도 아랑곳하지 않고 화성을 찾았다. 그는 서북공심돈 앞에서 신하들에게 자랑스럽게 말했다. "이 공심돈은 우리나라에서 처음 만든 것이니 마음껏 구경하시오." 당시 정조의 심정은 어떠했을까. 아버지 사도세자를 죽이고 자신마저 끌어내리려 온갖 음모를 자행했던 세력들을 정조는 똑똑히 기억하고 있다. 많은 세월동안 내면을 숨기고 살아온 그가 저돌적인 추진력으로 완공한 공심돈 앞에서 위세당당한 군주의 모습을 보여준 것이다. 그 마음속에 복받치는 감동은 끝이 없었을 것이고, 만감이 교차하는 순간이었을 것이다.

구청장과 함께 공개되지 않은 서북공심돈 안으로 들어섰다. 출입문은 벽돌로 쌓은 작은 아치 형태다. 문에는 나무판을 달았고, 내부는 3층으로, 1층 벽면 전체도 벽돌로 막았다. 2, 3층 바닥에는 마루를 깔았고, 바닥 한쪽에 사다리를 설치해 위아래로 통하도록 했다. 3층은 전체 벽면 중 아래 절반은 벽돌을 쌓았고, 그 위로 판문을 달아, 필요할 때마다 열고 닫을 수 있게 지었다. 판문을 열자 화서문 주변이 한눈에 들어온다. 당시 초병들은 성문으로 진입하는 어떤 물체도 놓치지 않았으리라.

1층과 2층 각 면에는 6개의 총안(銃眼)이 있고, 3층에는 여장을 쌓아 같은 높이에 4개의 총안을 냈다. 3층 포루((鋪樓)는 정면 2칸, 측면 2칸의 팔작기와 지붕으로 벽면 위쪽의 판문에는 전안(箭眼)이 설치되어 있다. 서북공심돈은 각 층마다 벽면에 구멍을 뚫어 화포와 총을 쏠 수 있도록 했다. 북쪽과 서쪽 벽면에는 가까이 온 적을 공격할 수 있도록 위에서 아래로 길게 구멍을 뚫은 현안도 보인다.

"이 구멍을 보세요. 여기저기 비둘기 둥지가 널려있습니다. 비둘기는 꼭 두 개의 알만 낳는가 봅니다. 부화된 새끼도 두 마리고. 옛 군사들이 근무하던 자리를 이놈들이 차지했네요."

총안 여러 곳에 비둘기가 둥지를 틀었다. 김 구청장은 비공개 지역인데다 아늑한 분위기 때문에 몇년전부터 비둘기들의 안식처가 됐다고 했다. 한 시간 가량 공심돈 내부를 살폈다. 그렇게 밝지 않은 내부에 포혈과 총안구멍으로 빛이 들어와 어둠을 밝혔다. 폭염이 기승을 부리는 한여름이지만 서북공심돈 내부는 선선했다.

성벽 밖은 시민들의 문화 공간

서북공심돈을 지나 장안문으로 향한다. 우리나라에는 179개소의 읍성이 있다. 읍성 안에는 관청과 민가가 공존한다. 유사시를 대비해 대부분 피난용 산성을 배후에 두고 있지만, 정조는 화성을 축성하면서 대피용 산성을 쌓지 않았다. 대신 화성에는 다른 지역의 읍성에서는 볼 수 없는 군사시설물을 세워 철옹성으로 만들었다. 평지에는 경사지도록 지형을 만들어 밖은 성벽이 높게 쌓았고, 안쪽은 흙을 돋우어 그 위에 성첩을 쌓고 밖이 내려다보이도록 했다. 네모반듯한 중국성의 특징과 우리 고유 성곽의 장점을 잘 살렸다.

그렇게 당당하고 아름다운 자태를 자랑하던 화성은 조선이 몰락하면서 퇴락의 길

'화성 달빛기행' 프로그램에서 화성의 역사적 의의를 듣고 있는 답사객들 (2010년)

한 폭의 동양화를 연상시키는 북서포루의 설경 (1979년)

로 접어들었다. 일제 강점기인 1920년과 1922년 홍수로 화홍문과 성안의 남수문이 멸실되었고, 1926년에는 매향교 마저 유실되고 말았다. 폐성되어 가는 화성을 살리려고 수원사람들은 총 궐기했고, 기금을 만들어 이왕직사무국과 총독부를 움직였다. 홍수로 무너진 홍교인 화홍문은 10년만인 1932년 다시 건너게 되었다.

한국전쟁이 일어나자 화성은 아비규환의 아수라장이 됐다. 성벽주변은 북쪽에서 내려온 피난민들로 넘쳐났고, 그들의 손에 성벽은 토막나기 시작했다. 성벽에서 가까운 민가에서는 성돌을 빼다가 담장으로 사용했고, 세월의 더께에 무너진 성첩의 벽돌은 가정집 놋그릇 닦는 재료로 쓰이기까지 했다. 성문 2곳은 미군에 의해 폭격 됐고, 북쪽성벽 주변은 복원 전까지 논밭, 가축사육장 등으로 사용됐다. 수원토박

이들은 화성이 파괴되자 '남문은 남아있고 서문은 서있고 동문은 도망가고 북문은 부서졌다'고 시름에 젖은 말을 만들어냈다.

1970년대 중반까지 화성은 보존에 신경을 쓰지 못했다. 그렇게 수난에 처해졌던 화성은 박정희대통령 시절 국방유적 복원사업이 시작된 1975년부터 폐허에서 다시 일어나게 되었고, 드디어 1979년 북문 옆 장안공원에서 복원준공식이 이루어졌다.

복원 후 장안문 밖에서 화서문까지는 산책로와 잔디밭을 조성해 공원을 만들었다. 이곳에서 해마다 가을이면 화성문화제가 열리고, 어린이 백일장과 그림그리기 대회, 수원갈비축제도 열린다. 정월 대보름에는 제기차기와 윷놀이, 널뛰기와 연날리기 등 민속놀이 공간으로 자리 잡았다.

북포루 (2008년)

이른 아침부터 장안문을 통해 수원으로 들어오는 사람들 (1930년)

황금 갑옷 입고 들어선 장안문

창덕궁을 출발한 정조는 화성이 가까워오자 감개무량했다. 장안문으로 입성하기 전 임시로 만든 막차(幕次)에서 황금빛 갑옷과 투구로 갈아입고 성문으로 들어섰다. 수많은 위해와 도전을 물리쳤던 국왕으로서, 군병들의 통수권자로서 강화된 입지를 보여주고자 했던 것이다. 정조는 화성의 백성들이 오래도록 평안하고 부강한 나라가 되라는 뜻으로 성문 이름도 장안이라 붙였다.

우리나라 성곽의 꽃으로 부르는 화성, 그중에서도 장중한 위용을 갖춘 것이 장안문이다. 서울도성의 국보1호 숭례문보다 더 크고 웅장하다. 보통 우리나라 성곽의

장안문 옹성 내부에서 바라본 현재 모습

장안문과 적대 (1910년대초)

하늘에서 본 장안문 (2009년)

북옹성에서 본 장안문 (1995년)

문은 남쪽에 정문을 두고 있는데, 화성은 북쪽의 성문을 정문으로 택했다. 이는 서울에서 내려오는 국왕을 처음으로 맞는 문이어서 더욱 위엄스럽게 세운 것이다.

장안문을 자세히 살펴보자. 2층 문루에 지붕은 우진각으로 지었다. 네 개의 추녀마루가 동마루에 몰려 붙은 형태다. 지붕처마와 기둥을 받치는 공포도 화려하고 장엄하다.

화성은 서울도성 못지않게 축조했다. 숭례문과 흥인지문은 우진각지붕의 추녀마

장안문 천장 용그림 (1995년)

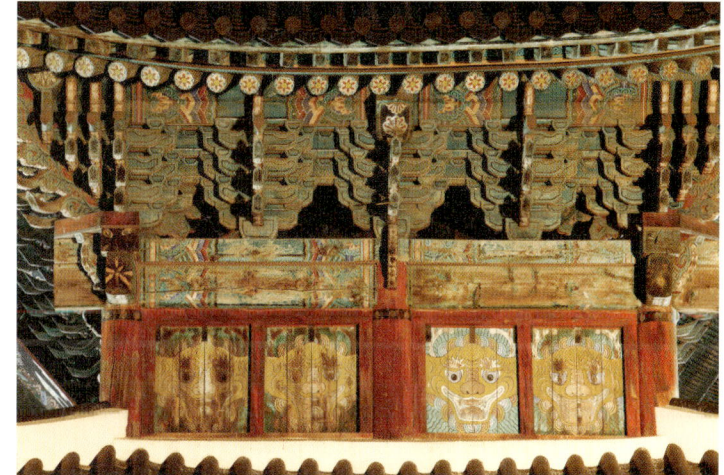

장안문 공포

루다. 화성의 팔달문과 장안문도 같은 설계다. 우리나라에서 규모가 큰 성문으로는 도성과 화성이 유일하다. 우진각지붕과 팔작지붕의 차이는 좌우에 있는 적대에서 보면 쉽게 알 수 있다. 팔작지붕에는 삼각형 합각이 있지만, 우진각 지붕은 합각 없이 용마루 아래부터 기왓골이 도배를 했다.

    장안문 바깥쪽에는 반원모양의 옹성을 쌓았다. 적이 침입할 때 성문을 보호하기 위해서다. 팔달문과 장안문의 옹성에는 다른 곳에서 볼 수 없는 특별한 구조물이 설

장안문과 옹성 (1995년)

수원화성 장안문 밖 풍경 1910년

2010년 현재 장안문 풍경

황금 갑옷입고 들어선 장안문 | 93

옹성에서 본 장안문 야경 (2010년)

장안문을 지나는 정조능행차 재현 행렬 (1995년)

마을과 어우러진 화성 성벽 (2009년)

상당히 훼손된 상태의 장안문 북옹성을 지나가는 여인들 (1960년대)

치돼 있다. 옹성 홍예 위에는 5개의 구멍이 뚫려있는데, 성문 아래서 적이 불을 붙여 공격을 할 때 홍예 위에 가두어둔 물을 일시에 이 구멍으로 쏟아부어 화재를 막도록 한 것이다.

화성 4대문의 홍예문 천장에는 국왕을 상징하는 용이 그려져 있다. 그림은 저마다 모양과 채색이 다른데, 팔달문 용 그림은 구름무늬 수를 놓은 것처럼 화려하고, 장안문 천장의 용 그림은 부드럽다. 그런데 옹성천장의 용 그림을 보면 등골이 오싹하다. 금방이라도 못된 사람을 포획할 것 같은 자세를 취하고 있다.

장안문 좌우에는 성벽보다 높게 적대를 설치했다. 적대는 성문과 옹성에 접근하는 적을 막기 위한 시설물이다. 포루와 치성은 성벽 밖으로 완전히 튀어나와 있지만 적대는 반만 밖으로 나와 있다. 적대 앞면에는 3개의 구멍을 뚫고, 벽돌로 쌓은 성첩에도 총구멍을 만들었다. 화성에는 4개소의 적대가 있었으나 팔달문 좌우에 있던 2개의 적대는 일제 때 헐려 아직까지 복원되지 못한 상태. 성곽에서 성문은 적의 공격대상 우선순위다. 성문이 부서지면 성은 곧 함락되기 때문인데, 이렇게 중요한 성문을 지키기 위해 적대를 구축한 것이다.

역사의 더께가 켜켜이 쌓인 사진 한 장 속에는 많은 것들이 들어있다. 사진을 들여다보면 초가집이 줄지어 선 장안문 밖, 대로에서 두 사람이 말 잔등에 얹어진 물건을 흥정하고 있다. 왼쪽구석에는 머리에 갓을 쓴 사람과 허름한 옷차림에 상투를 틀어올린 중년의 남자가 신기하게 사진기를 바라보는 표정에서 옛사람들의 삶을 읽어낼 수 있다.

장안문을 배경으로 소와 말 등에 물건을 싣고 흥정하는 사람들, 장안문 밖의 장 풍경이다. 오일장이 서는 날은 그야말로 잔칫날이다. 소달구지에 땔나무를 가득 싣고 느릿느릿 걸어가는 늙은 소를 재촉하는 사람, 독을 지고 가는 지게꾼, 장구경 나선 젊은이들이 오갔던 장안문은 이제 자동차가 씽씽 달리는 아스팔트 길로 변했다. 시각 이미지에서 사진만큼 호소력 있는 것도 없다. 화성은 역사의 고비마다 사진으로도 이렇게 남겨졌다.

7개의 수로를 낸 아름다운 교각 위에 세워진 화홍문 전경 (1955년)

숱한 사연을 품고 있는 화홍문

장안문 옆 북동적대 위에는 모조품이지만 홍이포가 설치돼 있다. 병자호란당시 남한산성 행궁에서 인조는 홍이포의 화력에 놀라 그야말로 혼비백산이 됐었다. 호란 140년 후 정조는 남한산성 연무관에서 홍이포 시범을 참관했다. 이때 정조는 '병자년 이전에 홍이포를 알았다면 나라가 변을 당하지는 않았을 것'이라고 탄식했다 한다.

홍이포는 외국인들의 기념사진 단골 촬영장소다. 우리보다는 외국인이 더 많은 관심을 갖고 있다. 형식적인 답사 보다는 자세히 살피는 것이 성곽을 이해하는데 도움이 된다. 문화재는 '아는 것만큼 보인다'고 했다.

장안문을 뒤로하고 화홍문을 찾아간다. 화홍문은 화성을 관통하는 수원천 북쪽 수문이다. 수원은 비만 오면 광교산에서 내려오는 토사와 홍수로 물난리를 겪었다. 하지만 화홍문을 만들면서 홍수피해는 확연하게 줄었다. 화홍문은 7칸의 화강암으로 쌓은 다리 위에 지은 집이다.

처마 아래는 '화홍문'이라는 현판을 걸었는데, 아름다운 무지개문이라는 뜻으로, 웅장하면서도 화사한 분위기로 건물을 지었다. 다리 길이는 30미터, 폭은 8미터다. 누각으로 올라가는 양쪽에는 돌계단을 만들

북동포루에서 본 화서문과 방화수류정 (1910년대 초)

1940년대까지만 해도 수문에서 떨어지는 물보라는 화홍관창이라 불릴 만큼 기묘하고 아름다웠다는 화홍문. (1992년대)

었고, 화홍문 아래로 흐르는 물줄기는 유속을 줄이기 위해 바닥에 3단의 계단도 만들었다.

  화홍문 뒷담인 성벽에는 총과 활을 쏠 수 있는 총안을 설치했다. 성벽바깥 석축에는 돌로 다듬은 일곱 개의 물받이가 튀어나와 있는데, 양 측면에 연화문을 새겨놓았다. 수문에는 침투하는 적을 막기 위해 쇠살문을 설치했던 흔적도 보인다. 홍예를 떠받치고 있는 큰 교각도 모서리를 다듬었다. 흐르는 물 때문에 다리에 저항을 덜 받도록 한 지혜가 놀랍다.

  우리나라 대부분의 홍교 천장에는 재앙을 막기 위해 액막이로 조각한 용두석이 강물을 내려다보고 있는데, 화홍문은 천장 대신 양쪽에 좌대를 세워 이무기를 하나씩 다듬어 놓았다. 양쪽에서 다리를 지킨다는 뜻이리라.

  화홍문으로 올라가자, 시원한 강바람이 몸속으로 스며든다. 따가운 햇살을 피해 반질반질한 나무 바닥에 드러누워 낮잠을 즐기는 사람, 한쪽에선 도란도란 말을 주고받는 사람들의 정겨운 풍경도 펼쳐진다.

  문루에 걸터앉아 수문 아래를 본다. 지금은 물줄기가 많지 않지만, 1940년대까지만 해도 수문에서 떨어지는 물보라는 화홍관창이라 불릴 만큼 기묘하고 아름다웠단다.

화홍문 아래 박석 (1995년)

돌로 다듬은 일곱 개의 물받이 양 측면에 연화문을 새겨 놓았다. 수문에는 침투하는 적을 막기 위해 쇠살문을 설치했던 흔적이 남아있다.

　물이 쏟아질 때 화홍문 앞은 구경꾼들로 북새통을 이루었다고 한다. 화성은 전투 대비만을 목적으로 조성된 성이 아니라 조경과 미감에도 무척 공을 들인 흔적이 곳곳에 스며있다.

　사진은 잃어버린 옛 기억을 불러내고, 또한 귀중한 사료가 되기도 한다. 추억을 덤으로 주는 옛 사진은, 그래서 숱한 사연을 품은 이야기 덩어리다. 1920년쯤에 찍은 화홍문 사진에는 주변에 빨래하는 아낙네와 일본인이 벌여놓은 천막가게와 소나무 몇 그루를 빼면, 지금과 크게 다르지 않는 모습이다.

　'퍽퍽' 방망이소리, '철벅철벅' 빨래 헹구는 소리, 아낙네들의 수다와 아이들이 깔깔대는 웃음소리가 섞인 물줄기는 수원천을 따라 흘러간다. 물가로 서있는 버드나무 몇 그루가 물위에 환히 비친다. 빨래터는 찌든 살림살이에 맺힌 응어리를 푸는 곳이자. 마을사람들의 근황을 알 수 있는 곳이다. 빨래를 헹구고 방망이를 치면서 아낙네들은 시집살이의 고달픔도 함께 두들기고 씻어냈다. 그곳에는 고부간의 갈등, 남편의 주벽, 자식들의 장래문제까지 가정을 꾸려가는 아낙네들의 고단한 삶이 빨랫감보다 더 푸짐하게 널려있다.

　지금은 버튼 하나만 누르면 건조까지 되는 편리한 세탁기가 넘쳐나지만, 옹기종기 모여 애환과 정담을 나누던 화홍문 앞의 빨래터가 그립다. 냇가에서 들려오는 빨래방망이 소리는 우리들의 어머니 소리였기 때문이다.

화홍문 옆 석조물 (1995년)

숱한 사연을 품고 있는 화홍문 | 107

구릉 위의 방화수류정 (1995년)

방화수류정에는 온통 십자가 문양

우리 땅 강이나 계곡, 전망 좋은 곳에는 언제나 정자 하나 쯤이 보일 듯 말듯 자리 잡고 있다.

수원화성 시설물 중, 조선후기 건축예술의 백미로 꼽히는 동북각루(방화수류정)가 그곳에 있다. 그런데 그 건물 벽면과 천장에 새겨진 십자가 문양이 이채롭다. 십자가는 화홍문 방향 서쪽 벽면 사이사이에 회와 모래, 진흙을 혼합한 전돌에 86개가 새겨져 있고, 천장 대들보에도 3개의 십자가가 다듬어져 있다.

"해질 무렵 벽면 십자가는 더욱 빛이 납니다. 세상의 어두움을 밝힌다는 의미로 다

사방이 시원하게 조망되는 방화수류정

(위) 방화수류정 십자가 담 (2009년). (아래) 수원화성 사적 제3호 방화수류정 천장에도 십자가 모양이 보인다.

산선생께서 형광물질을 넣어 빛이 나도록 정자를 세웠습니다."

수원 북수동성당 나경환 신부는 화성은 정조대왕의 명에 따라 다산 정약용의 종합설계로 축성되었으며, 이때 곳곳에 가톨릭 신앙의 흔적을 남겼다고 했다.

얼핏 보기에는 단조로움을 피해 조각해 놓은 것 같지만, 자세히 보면 의도적인 발상으로 보인다. 벽면과 천장의 십자가 문양은 당시 금지된 천주교를 은밀히 홍보한 방법이라는 주장이다. 더구나 화성설계의 주인공인 다산 정약용이 천주교 신자였다는 것은 매우 의미심장하다. 그는 평소 십자가형의 개인도장을 지니고 다녔을 정도였다.

실제로 화성 곳곳에는 천주교 상징인 십자가가 건축물에 알게 모르게 새겨져 있으며, 성안의 큰 도로도 십자가 형태로 길을 냈다. 다산은 정조의 최측근으로 두터운 신임을 받은 당대 최고의 실학자다.

가부장적 권위와 유교적 의례를 받아들이지 않는 천주교의 확산은 조선시대에는 예민한 문제였다. 유교사회에 대한 도전이자 지배체제에 대한 중대한 위협이었기 때문이다. 하지만 정조는 천주교에 관대했다. 그의 속내까지 실제 천주교를 신봉했는지는 알 수 없지만, 그로인해 천주교는 교세확장에 중요한 계기가 됐다.

정조가 갑자기 의문사 하자, 그의 아들 순조가 5일 만에 즉위한다. 세상이 바뀌고, 양지가 음지가 됐다. 역사의 물줄기가 꺾이는 순간이다. 겨우 10살짜리 어린아이가 왕의 직분을 수행할 수 없었다. 대신 영조의 계비 정순왕후가 수렴청정으로 군주노릇을 했다. 왕후의 섭정은 정조시대의 몰락을 의미했다. 평소 정조임금과 사이가 껄끄럽던 정순왕후와 그 세력들은 정조의 총애를 받던 정약용과 서양학문을 받아들인 신서파를 숙청하기 위한 명목으로 전국의 천주교인들을 박해하기 시작했다.

경기도, 충청도 그리고 서울 남쪽지방을 총괄하던 수원유수부는 일반 범법자 보다는 천주교인들을 체포하는데 혈안이 됐다. 화성에서 처형된 천주교도의 공식적인 숫자는 78명이었지만, 비명에 간 교인들까지 합치면 2천여 명에 이른다고 한다. 당시 '무당 짓을 하더라도 천주학쟁이는 되지 말라'는 말이 떠돌 정도로 반대세력의 보복은 처참했다.

"공개적으로 발표되지는 않았지만, 동북각루에 새겨진 십자가에 대한 의미를 아

방화수류정 내부 바닥 (2009년)

는 사람들이 많습니다. 벽면도 그렇지만 천장이 대들보는 완벽한 십자가로 만들었습니다."

김 구청장은 최근에 십자가를 구경하려는 관광객이 많아졌다고 했다.

그는 일반에 공개되지 않았던 동북각루 지하실로 안내했다.

"저 빛을 보세요. 신비하지 않습니까? 지하실은 적의 동태를 관찰하는 시설로 지었지만 사용 빈도가 낮았고, 오히려 정자로서 활용도가 많았습니다. 지하는 한 10평 정도의 공간인데, 각루 바깥 면은 성벽을 이용했기 때문에 총을 쏠 수 있는 구멍을 19개나 뚫었습니다." 캄캄한 지하실, 총안을 통해 들어오는 환한 빛줄기는 이제 화성의 또 다른 볼거리가 됐다.

화성의 미감은 방화수류정

화홍문 오른쪽 언덕에 솟아있는 동북각루는 방화수류정으로도 불린다. 정자를 받쳐주는 둔덕은 동쪽에서 흘러내린 산줄기 끝부분이다. 용머리 형태를 닮은 바위위에 성벽과 이어진 각루가 날아갈듯 서있다. 이 정경(情景)을 누가 군사시설로 볼 것인가. 아름답고 조각이 섬세해 근세 한국건축의 걸작으로 꼽는다.

방화수류정은 전시용(戰時用) 건물이지만 정자의 기능을 고려해 석재와 목재, 전돌을 적절히 사용해 조성한 건물이다. 평면은 'ㄱ'자형을 기본으로 북측과 동측은 凸

보물로 지정된 방화수류정 (2008년)

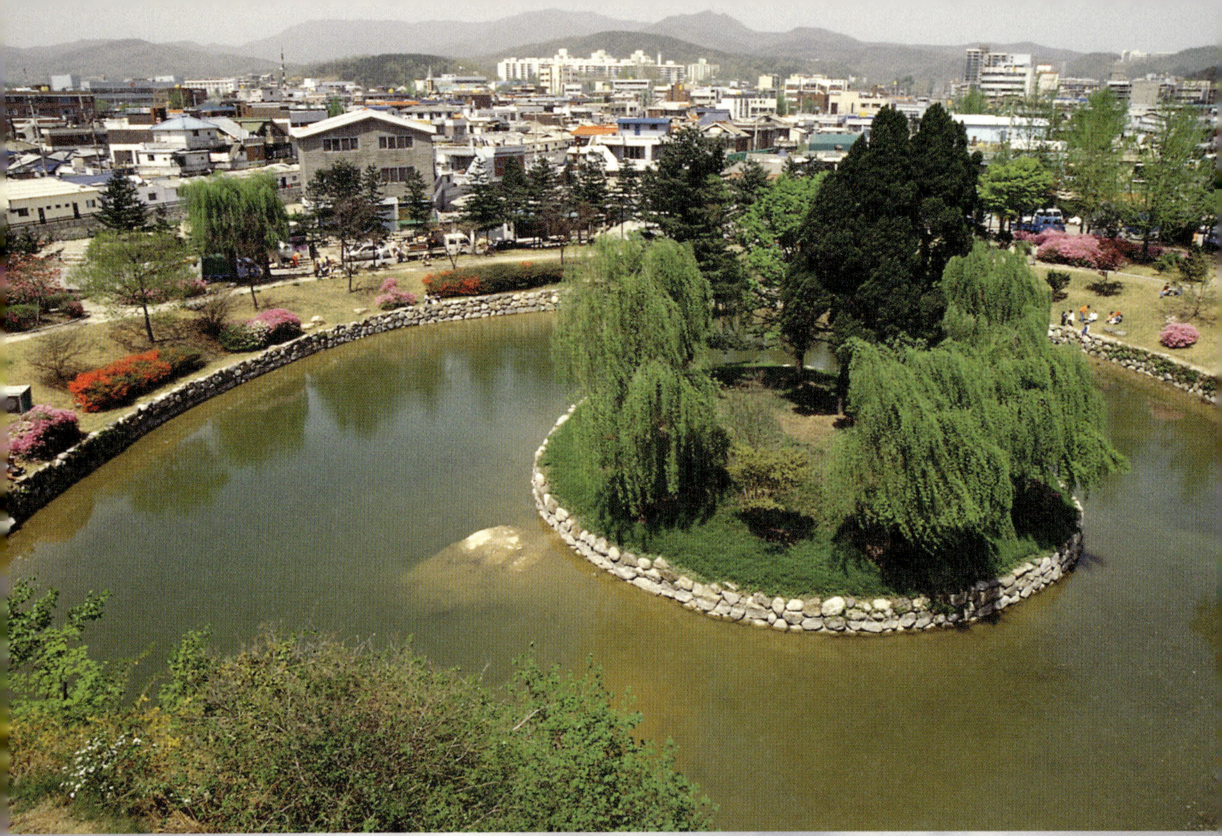
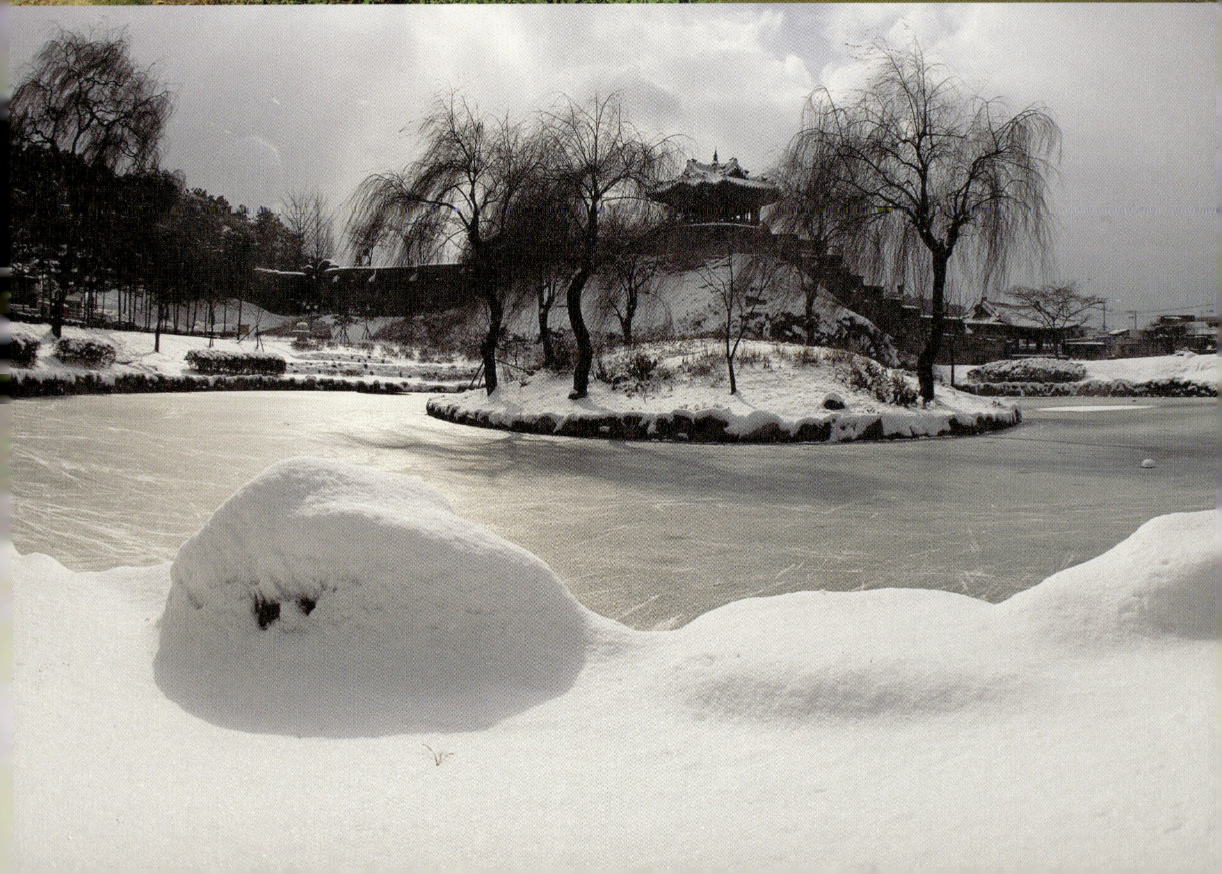

형으로 돌출, 튀어나오게 조영하여 사방을 볼 수 있도록 꾸몄다. 이 건축물의 특징은 주변감시와 지휘라는 군사적 목적에 충실하면서 동시에 주변경관과 조화를 이뤘다.

다른 정자에서 보이지 않는 독특한 평면과 지붕 형태의 특이성 등을 토대로 18세기 뛰어난 건축기술을 보여주는 귀중한 자료로서 역사적, 예술적, 학술적으로 큰 평가를 받아 지난 2월, 보물 1709호로 지정됐다.

정자에 앉아서도 내려다보이는 인공호수 용연은 용이 사는 연못으로 믿고 있다. 용은 왕을 상징한다. 당시 용연은 용지대월(龍池待月 : 연못에 달빛이 스며드는 아름다운 곳)이라 불렀다. 용연에 비친 달빛을 보며 기도를 하면 소원을 이룬다고 했다. 가뭄이 들면 수원유수부사가 백성들과 함께 이곳에서 기우제를 지내기도 했다.

용연 한가운데는 궁궐에서나 볼 수 있는 작은 섬을 만들어 정조가 좋아했던 버드나무를 심었다. 멋지게 서있던 그 나무는 작년 9월 태풍으로 인해 안타깝게도 쓰러지고 말았다. 수원천 방향에는 호수에 물이 넘칠 때를 대비해 돌로 용머리를 만들어 그곳으로 물길을 냈다.

(왼쪽 위) 방화수류정서 본 용연 (1990년)
(왼쪽 아래) 설경의 용연과 방화수류정
(오른쪽) 섬세한조각을 자랑하는 용연의 수로

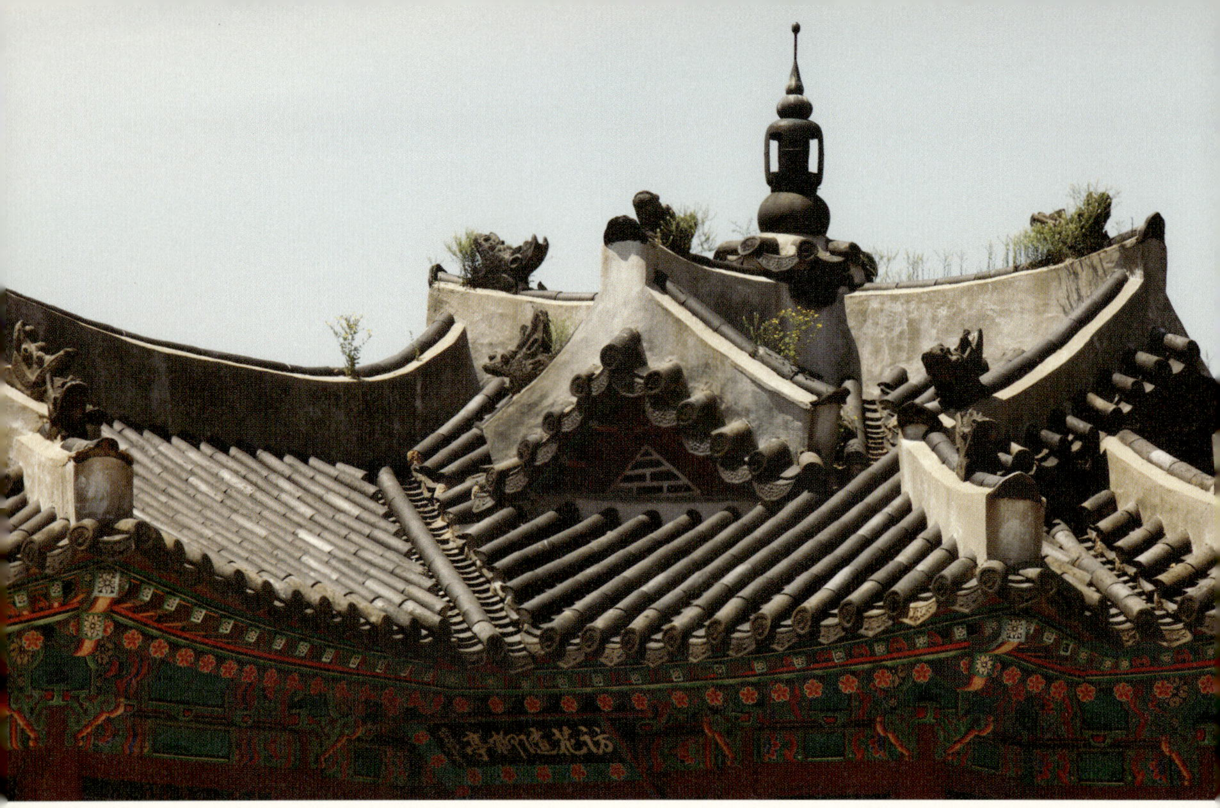
訪花隨柳亭

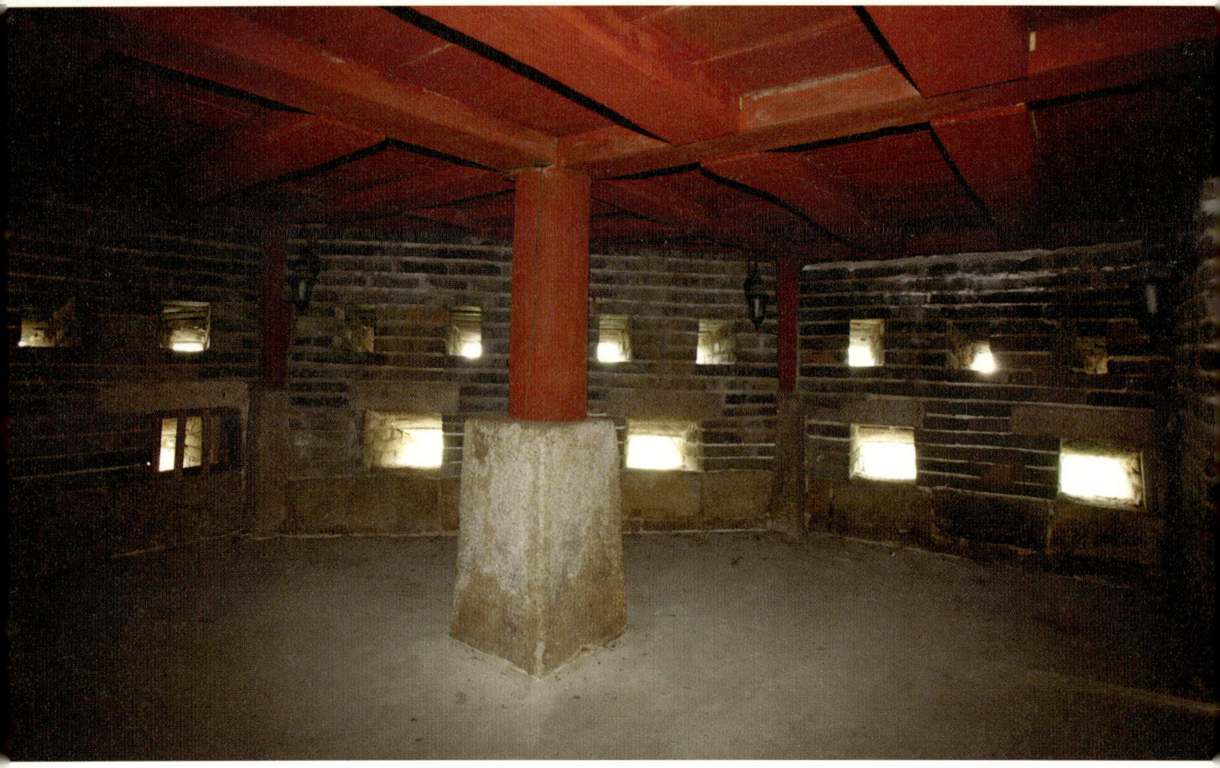

(왼쪽 위) 방화수류정 지붕의 절병통
(왼쪽 아래) 방화수류정 내부 (2010년)
(오른쪽) 방화수류정 아치문 (1980년)

　세월이 흘러 용연 주위가 많이 매몰됐지만, 창건 당시 방화수류정 일대의 풍광은 대단했다. 정조는 화성행차 때 이곳에 들러 휴식을 취하면서 조선의 문화와 서양의 문화가 함께 숨쉬는 거대한 도시를 꿈꿨다.

　호화로운 운치를 더해주는 방화수류정의 매력은 또 있다. 정자를 받쳐주는 기둥과 벽돌, 처마와 지붕의 아름다움은 극에 달한다. 정자의 형태는 특이하다. 처마나 기둥은 ㄱ자로 꺾이면서 다시 튀어나오고, 지붕도 꺾이길 반복하며 십자가 형태로 지었다. 지붕 중앙에는 서장대 지붕위에서 볼 수 있는 항아리 모양의 절병통 장식도 눈길을 끈다. 방화수류정의 지붕구조를 제대로 보려면 지대가 높은 동쪽 북암문에서 보아야 한다. 또 하나의 특징은 정자를 받치고 있는 돌 위의 목조기둥이다. 한 기둥인데도 아래쪽은 둥글고, 위에는 네모지게 만들어 세웠다. 기둥과 기둥 사이에는 아름답게 디자인한 각목을 촘촘히 세웠고, 회흑색 전돌로 빈틈없이 메웠다. 정자 앞쪽 아치형 출입구의 조형미는 볼 때마다 감탄사가 절로 나온다. 예전에는 정자를 둘러막은 성벽에 문이 있었다.

　조선후기 건축의 백미인 정자에서 멀리 내려다보면, 동으로는 연무대와 동북공심돈, 서로는 장안문과 팔달산이 한눈에 조망된다. 한국전쟁이 일어나기 전 이 일대는 노송이 우거져 장관을 이루었다. 방화수류정 앞에는 여섯 그루의 큰 소나무가 있었다. 그 육지송을 보지 않고 수원을 다녀왔다고 자랑하지 말라는 시절도 있었다고 한다.

벽돌로 쌓아올린 북암문 외벽 (2008년)

사람들의 통행이 가장 많은 암문

동북각루에서 봉돈까지 성벽은 구불구불 이어지면서 둔덕을 타고 넘는다. 느림의 미학을 즐기려면 성벽 바깥보다 안쪽을 따라 걷는 것이 좋다.

동북각루에서 성 밖의 용연으로 가는 길에 북암문이 있다. 성 안쪽에서 보면 암문은 네모반듯한 검은 벽돌로 높게 쌓여있다. 화성의 벽돌이 검게 보이는 것은, 벽돌을 구울 때 송진과 관솔을 넣고 화력을 높이면 면석이 까맣게 변하는데, 이 돌을 전돌이

방화수류정에서 본 동장대 밖 피난민촌 (1967년)
화성 동북포루서 본 방화수류정 (1995년)

북암문 (1995년)

라 한다. 강화전성의 성돌과 남한산성 외성의 여장도 전돌로 쌓았다. 전돌은 굳고 단단해 인위적으로 파괴하지 않으면 수명이 오래간다. 화성의 암문은 모두 전돌로 쌓아 2백년이 지난 현재까지도 견고하다.

북암문은 암문 중에서 가장 웅장하다. 성벽 바깥은 전돌로 방화수류정까지 길고 높게 쌓았고, 암문위로도 길을 만들어 바닥에 전돌을 깔아 통행을 하도록 했다.

동북각루를 자주 찾는 왕의 경호 때문에 철옹성벽으로 축조했을 것이다. 암문에서 밖으로 나가는 통로는 급한 경사다. 보행자가 안전하게 다닐 수 있도록 돌계단까지 설치했다.

북암문 밖은 전쟁 후 피난민들이 집단으로 모여 살았다. 성내에 있는 장터 구경을 갈 때는 북암문을 통하는 것이 지름길이어서 늘 사람들이 줄을 이었다.

동북포루 천주교도 처형터

동북포루는 화성동쪽에 있는데, 팔달산을 제외하고는 가장 높은 곳에 자리 잡았다. 포루의 규모는 크지 않지만 화홍문에서 동장대까지 한눈에 엄호할 수 있는 중요한 시설물이다. 포루형태는 성벽 바깥쪽으로 튀어나온 치성위에 누각을 세웠다. 큰 돌을 쌓아올린 다른 곳의 치성과는 달리 하단만 성돌이고 그이상은 벽돌로 쌓아 공심돈의 기능을 겸하고 있다. 동북포루는 일명 각건대로 부른다. 동암문 밖에서 보면 영락없는 각건이다. 포루에서 보는 조망권은 압도적이다. 이곳에 오르면 옛 군사들의 예지가 살아 번뜩이는 것 같다.

동북포루는 한때 천주교인들 참수형을 집행했던 장소로 알려졌다. 체포된 교인들

천주교인들의 처형장이었던 동북포루 (2009년)

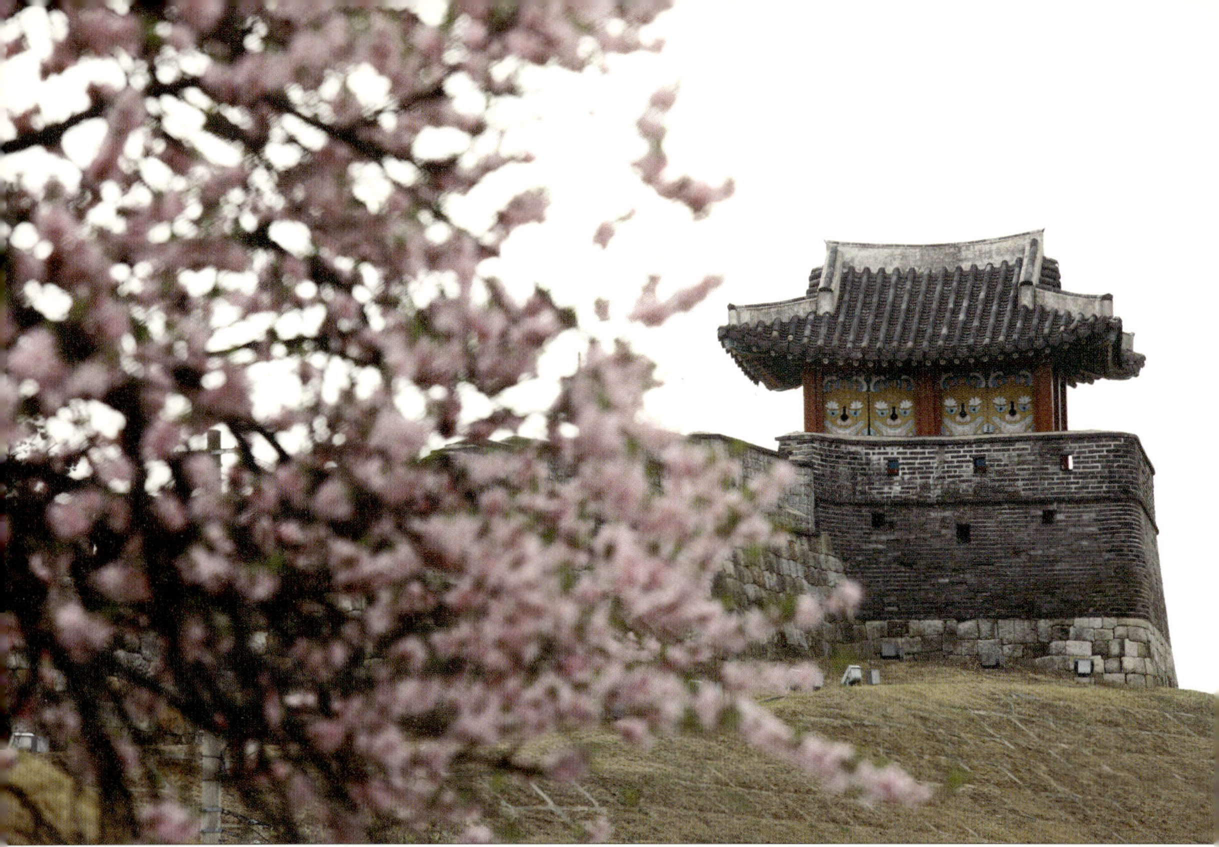

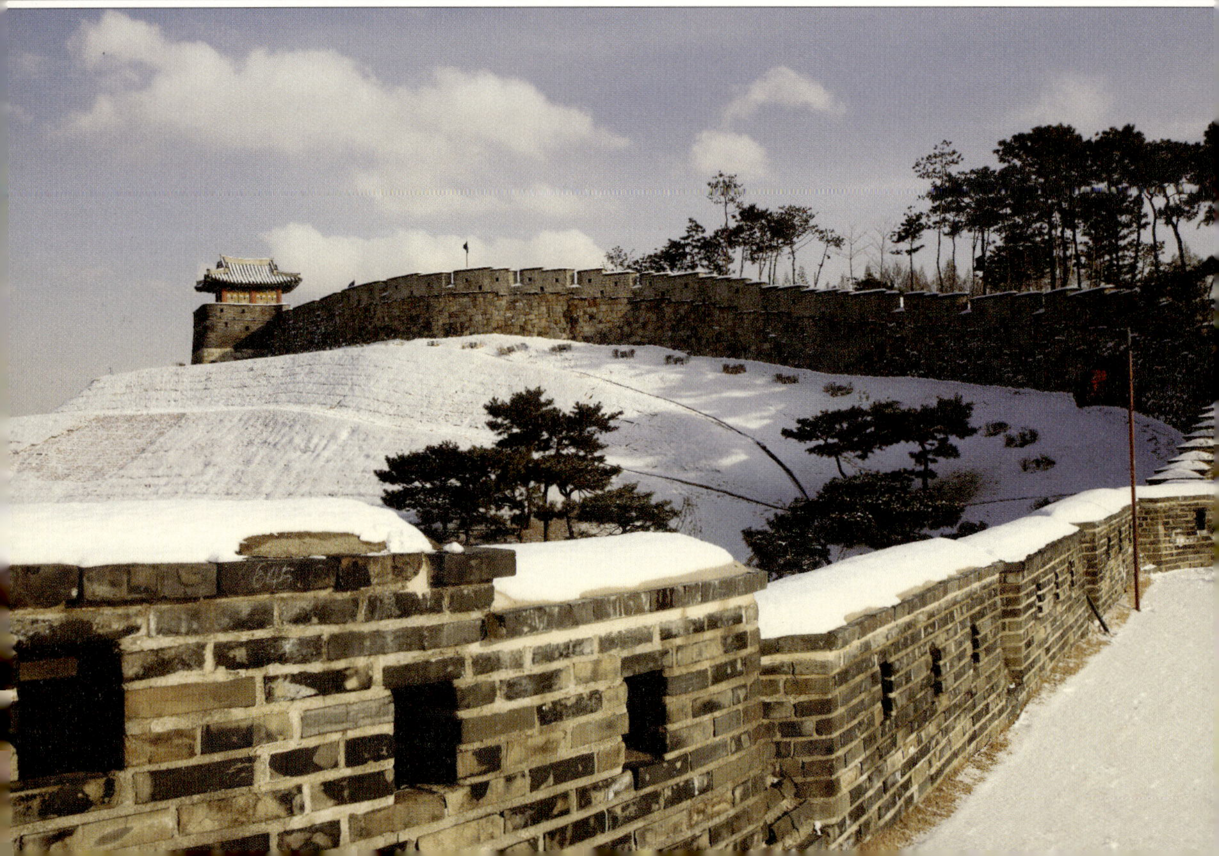

(왼쪽 위) 동북포루 각건대 (2009년)
(왼쪽 아래) 방화수류정에서 본 동북성벽
(오른쪽) 등하교길 아이들의 통로로 변한 동암문 (1995년)

을 포루위로 끌고 올라가 포루판문을 활짝 열어 제치고 북을 쳐 사람들을 모았다. 성벽아래서 사람들이 올려다보는 가운데 얼굴에 검은 칠을 하고 패랭이를 쓴 희광이가 칼을 들고 기합소리와 함께 교인들의 목을 쳤다. 몸을 성벽 밖으로 던지면 급경사라 시신은 굴러 사람들 앞에 멈췄다. 잘려진 목은 아래에 있는 암문에다 걸었다. 백성들에게 경각심을 불러일으킬 목적이었다. 암문을 지나다니는 사람들이 이 광경을 보고 치를 떨었다고 한다.

　포루를 지나면 푹 내려앉은 지형에 교인들의 목이 걸렸던 동암문이 있다. 암문은 양반들에게는 먼 거리였다. 좁은 폭의 암문을 드나든다는 것은 양반들에게 체통이 떨어졌기 때문이다. 암문은 늘 상인들과 천민들의 통로였다. 이 암문은 동장대 가까이에 있어 유사시에 통행할 목적으로 냈다. 현재는 천민들이 아닌 학생들의 통로로 변했다. 동암문 밖은 북암문과 인접해 있어 한국전쟁 때 피난민들의 거주지가 됐다. 서울 남쪽에서 가장 큰 도시 수원에는 북에서 내려온 사람들이 정착하면서 큰 마을을 이루었다.

(왼쪽) 동북포루 외벽
(오른쪽) 방화수류정에서 본 동북포루 (각건대)

동북포루 천주교도 처형터

드넓은 연병장 군병 훈련장

성내 시설물 중 가장 넓은 공간을 차지하는 동장대, 서장대가 지휘소라면 동장대는 군사들의 훈련장소다. 동장대의 위용은 곧 군사들의 사기와 맞물렸다. 담장밖에 조련장을 조성해 말 타기와 활쏘기 훈련을 할 수 있게 했다. 군병들이 무예를 수련하는 곳이라 연무대라는 이름으로 더 알려졌다.

동장대의 장엄한 실루엣 (1995년)

정조는 나약한 임금이 아니었다. 말 타기와 활쏘기에 능했다. 창덕궁 후원에서 어려서부터 말 타기 연습을 했다. 국궁(國弓)수준도 정평 나있다. 다섯 발 중 네발은 명중시키는 오시사중(五矢四中)의 실력을 갖추었다고 왕조실록에 기록돼 있을 정도다. 정조는 이곳에서 자신도 활을 쏘았지만 수행한 문무관들에게 활 솜씨를 겨루게 했다. 동장대는 군사훈련만 하는 곳이 아니었다. 임금과 신료들이 모여 회식자리도 만들었던 그야말로 계급장을 떼놓고 '현대판 폭탄주'를 돌리는 허심탄회한 자리였다.

동장대가 있는 곳은 지형이 높지 않지만 사방이 트여있다. 동장대 건물 앞에는 계단식 층대를 만들었는데, 층대 중간 부분은 계단을 설치하지 않았다. 이곳에 온 임금이 말을 타고 동장대 내부까지 쉽게 갈 수 있도록 그렇게 설계한 것이다. 장대 내부 바닥도 3개 층으로 만들어 직급순서 대로 정렬했다. 높은 곳은 임금의 자리로 위엄을 갖추도록 했다.

동장대 뒤편에는 훈련장의 딱딱한 분위기와 대조적인 꽃담이 특히 이색적이다.
성벽과 장대 사이의 공간을 막은 담장인데, 임금의 경호목적으로 영롱 무늬의 담을

동장대에서 군사훈련을 재현하는 무도인들 (1995년)

하늘에서 본 화성 전경 (2009년)

쌓았다는 주장도 있다. 경호원이 담장 뒤에서 임금의 일거수를 살피는데 은폐역할을 할 수 있도록 설계했다는 주장이다. 무늬 사이사이로 들여다보면서 내부를 관찰할 수 있도록 되어 있다. 옛 군병들이 떠난 동장대의 드넓은 광장은 한때 학교 운동회가 열리기도 했고, 동시에 동네아이들의 놀이터이기도 했다. 이제 정조가 활을 쏘던 장소는 전국적인 궁도대회를 치룰 만큼 인기장소가 됐다. 그 뿐인가 호신술과 무기술의 경연이 펼쳐지는 무예축제장으로도 변했다. 동장대 내부는 다른 각루와 마찬가지로 여름 한철 더위를 피하는 장소로 인근 주민들의 사랑을 받고 있다.

아름다운 무늬를 연출한 동장대 뒷편 영롱담 (1995년)

동장대 외벽

드넓은 연병장 군병 훈련장 | 135

화성에서 가장 이색적인 건물

　동장대에서 왼쪽 성벽을 따라 저만치 떨어진 언덕 위에 건물 전체가 전돌로 축조된 건축물이 보인다. 이국적인 정취가 물씬 풍기는 이 건물은 적의 동태를 살피기 위해 올린 망대인 동북공심돈이다. 화성성벽을 따라 지은 건물 중 성벽을 의지하지 않고 성벽 안쪽에 지은 건물로 유일하다.
　3층의 동북공심돈 외면과 내면은 둥근 원의 모습으로 화성의 여러 시설물 중에서 가장 특

(왼쪽) 전쟁으로 부숴진 동북공심돈 (1955년)
(오른쪽 위) 동북공심돈 외벽 (1993년)
(오른쪽 아래 왼쪽) 동북공심돈 내부 문루 (2008년)
(오른쪽 아래 오른쪽) 동북공심돈 내부 출입문 (2008년)

화성에서 가장 이색적인 건물 | 137

(왼쪽) 동북공심돈 (2009년)
(오른쪽 위) 북암문에서본 동북공심돈 (1955년)
(오른쪽 아래) 방화수류정에서 본 동장대 밖 마을 풍경 (1967년)

복원전 훼손된 상태의 동북노대 (1955년)

색 있는 건물이다. 중국 요동에 있는 계평돈을 본떠서 설계했다고 한다. 이 공심돈 안에서 회포로 무장한 군병들이 경계를 서면서 아래로 보이는 동장대와 동북쪽 인근 지역을 엄호했다. 화성 동쪽 동북공심돈이 있는 지형은 고향의 둔덕 같고, 능선의 곡선은 부드럽게 돌아간다. 지대가 높고, 조망권이 뛰어나니 이곳에 멋진 건물이 들어서는 것은 당연하다. 화성을 답사하는 관광객들의 기념사진 명소가 되었다.

공심돈 출입구는 무지개 형태의 홍예로 만들었다. 문 안쪽으로 들어서면 바닥이 높아지면서 끝부분에 계단이 있다. 납작한 벽돌계단을 따라 꼭대기로 오르게 되는데, 내부가 소라처럼 빙빙 돌아 올라가기 때문에 소라각으로도 불린다.

이렇게 예쁜 건물도 한국전쟁 때 폭격기들은 그냥 두질 않았다. 그나마 반쪽은 축성 당시의 원형이 남아있었다. 파괴된 쪽은 1976년에 복원했으니 한 건물에 시기를 달리하는 재질이 공존하고 있는 셈이다.

복원 후의 동북노대

동북노대 출입구

화성에는 서노대와 동북노대가 있다. 노대는 공격해 오는 적을 향해 높은 위치에서 쇠로 된 여러 개의 활을 연달아 쏠 수 있도록 높은 곳에 쌓은 진지다. 단연발이나 연발로 쏠 수 있는 활인 쇠뇌는 조선후기에 성능이 뛰어난 무기로 명성이 높았다.

옛 군사들은 이곳에서 적이 공격해 오면 성 전체로 오방색 깃발로 신호를 보낸다.

동북노대는 창룡문과 동북공심돈의 중간에 있으며 반달 모양의 성벽이 노대를 감싸고 있다. 전돌로 쌓아 모서리는 곡선으로 다듬었다. 서장대 옆에 있는 서노대는 팔각형이며 사각 받침대 안에 쇠뇌를 설치했다.

화성에서 가장 이색적인 건물 | 141

동문은 도망가고

동노대와 가까운 거리에 화성의 동쪽 대문인 창룡문이 있다. 한국전쟁 때 동문은 인민군들의 무기창고였다. 유엔군 폭격기는 적의 창고로 쓰이는 창룡문을 표적으로 삼아 무차별 폭격했다. 문루는 소실됐고, 남은 것은 홍예문과 무사석 뿐이었다.

창룡문은 파괴되기 전까지 화서문과 함께 단아한 모습이었다. 우거진 노송과 어우러져 창연함이 묻어났던 한 폭의 동양화였지만 1975년 복원되면서 옛 맛을 잃었다. 고색 짙은 분위기는 이제 사진으로만 남았다.

창룡문을 보호하는 옹성의 출입구는 장안문과 팔달문처럼 중앙에 내지 않았다. 화서문 옹성처럼 반달 형태로 축조했고, 한쪽이

파괴된 창룡문에서 본 동장대 (1960년대)

열려 있다. 축성 당시 창룡문은 용인과 광주로 가는 주요 통로였다. 하지만 그쪽 지역사람들은 창룡문 보다는 팔달문을 많이 이용했다. 물건을 사고 팔 수 있는 상권이 팔달문 인근에 모여 있었기 때문이다.

복원된 창룡문을 지나는 시민들 (1980년)

노송에 둘러싸인 창룡문 (1910년대초)

복원후 창룡문(2010년)

창룡문 전경 (2009년)

수원화성의 동문격인 창룡문

동장대에서 본 창룡문

 사람들의 왕래가 별로 없는 동문 밖은 야산과 둔덕으로 인해 지형이 평탄하지 않았다. 분단과 전쟁으로 오갈 데 없던 피난민들에게 거소(居所)로서 이곳이 안성맞춤이었다. 그들은 성 줄기를 따라 삶의 터전을 잡고 군락을 이루었다. 더러는 떠나갔지만 많은 사람들은 이곳에 주저앉았다. 그렇게 현재까지 대를 이어 살고 있다.
 30년 전 기자도 수원에 잠시 살았다. 그때 사귄 친구들 대부분이 동문 밖 구릉에 살았는데 나이가 이제 50대 후반에 접어들었다. 당시에는 이 친구들이 피난민 후세들인지 알지 못했고, 알려고도 하지 않았다. 최근 화성 얘기를 쓰면서 친구들의 부모님이 이곳에 정착하면서 태어났다는 것을 듣게 되었다. 그들과는 지금도 자주 만난다. 비록 넉넉하진 않지만 순박한, 우리의 정서가 물씬 풍기는 고향 같은 사람들이다.

창룡문 명문

1960년대 아마추어 사진가들에게 부서진 동문과 봉돈은 단골 사진촬영 장소였다. 친구들 중에는 초등학교 때 더러 사진모델이 되기도 했다. 성벽 인근 아이들이 동문홍에 틀에서 모델이 되는 날은 잔칫날이 되곤 했다. 모델을 서준 대가로 받은 용돈이 아이들에게 최고의 선물이었기 때문이다.

청룡문을 지탱하는 홍예는 안과 밖에 세웠다. 크기가 서로 다른 특징을 가지고 있어 눈여겨 볼만 하다. 성문 안쪽 홍예석은 높이 4.8미터, 바깥 홍예석은 4.5미터다. 이뿐만 아니다. 화성의 모든 성벽 시설물은 모양이 동일한 것이 없고 제각각이다.

그때 이곳에 살았던 친구들은 지금도 동문(창룡문)이 도망간 줄로만 알고 있다.

동문 철갑문 앞에 서서 동장대를 내려다본다. 200여 년 전 이곳에서 활을 쏘며 심신을 수양했던 정조의 모습이 아른거린다. 어린 시절부터 창경궁 춘당대에서 활쏘기를 자주했던 정조는 50발을 쏘아 49발을 명중했다. 마지막 당긴 화살은 과녁을 비켜나 소나무에 꽂혔다. 신하들은 아쉬운 나머지 위로의 말을 건네자 '정조는 무엇이든 가득 차면 못쓰는 법이다.' 라며 오히려 신하들에게 설유(說諭)했다. 정조는 자만에 빠지는 욕망을 절제할 줄 아는, 자중자애하는 그런 임금이었다.

창룡문을 감싼 옹성에는 총을 쏠 수 있는 총안이 14개나 뚫려 있고, 성문 바깥 왼쪽에는 축성 당시 성벽을 쌓은 사람들의 이름이 새겨져 있다.

위급한 소식을 주고받던 현대판 전화기 봉돈

　동문을 지나면서 성벽은 일직선으로 길게 달린다. 2곳의 포루와 치를 지나 1백여 미터 거리에 치성같이 밖으로 튀어나온 육중한 시설물이 봉돈이다.
　우리나라에는 삼국시대부터 조선시대까지 축조한 625여개소의 봉수가 문헌에 남아있다. 자동차가 다니는 고속도로, 국도, 지방도가 있듯이 봉수도 다니는 길이 있다.

봉돈전경(1995년)

전국에 봉수 길은 5개소나 됐다. 북한에 3곳, 남한에는 2곳에 있다. 남한에서는 전라도에서 출발하고, 또 경상도에서 출발해 각 지역을 순회하다가 서울로 집결한다. 이들 봉수는 변방의 안위(安危)를 임금이 살고 있는 왕궁으로 낮에는 연기, 밤에는 횃불을 올려 알리는 현대판 전화기다. 봉수제도는 국가에서 운영하였다.

화성에는 봉수이름도 특이하다. 적의 동태를 살피고, 유사시 적의 침입을 막는 돈대기능과 봉수기능을 동시에 할 수 있는 시설로 만들어져 있어 봉돈으로 부른다.

봉수는 대부분의 산 정상 또는 조망이 뛰어난 곳에 축조하는데 반해 화성의 봉돈은 평지의 성벽에 축조했다. 낮은 지형이지만 모든 것을 관측할 수 있다. 봉돈에서 보면 서쪽의 남양만 방향, 동쪽 용인 석성산 봉수까지 시야가 확 트였다.

화성을 돌면서 느낀 것은 대부분의 문이 홍예문(虹霓門)으로 축조돼 있다. 그것도 제각각 다른 모습으로 설계돼 있다. 이곳 봉돈 출입구도 그렇다. 문을 열고 들어서면 철옹성 같은 웅장한 자태에 압도된다.

봉돈 (1995년)

봉돈 (2010년)

6.25 한국전쟁후 봉돈 (1955년)

봉돈과 주변 풍경

동쪽에서 본 화성 전경 (2009년)

봉돈이 자리한 동쪽 성벽 (2009년)

동남각루 귀면 (2009년)

    왼쪽의 건축물은 봉군들이 거주하는 온돌방이고, 오른쪽 건축물은 각종 기구들을 보관했던 창고다. 봉돈의 모든 벽면은 네모반듯한 전돌로 쌓아올렸다. 세 개의 단을 설치했고, 각 단마다 내부로 통하는 문을 만들었다. 내부에는 유사시에 대비해 총이나 포를 쏠 수 있는 시설로 구축했다.

    봉화를 올리는 5개의 화두는 둥근 곡선 형태로, 불을 지피는 아궁이는 화두마다 각각 다른 방향으로 뚫려 있다. 5개의 화두 가운데 평상시는 남쪽 첫 번째 것만 사용한다. 매일 연기나 횃불을 피워 동쪽 용인 석성산과 서쪽 수원부의 흥천대에 봉수와 신호를 보냈다. 나머지 4개는 긴급한 일이 없으면 횃불을 올릴 수 없었다.

    봉수의 신호기능은 평상시에는 밤낮으로 봉수 1개에 신호를 올리고, 적군이 국경 가까이 나타나면 2개, 국경에 이르면 3개, 국경을 침범하면 4개, 전투가 시작되면 봉수 5개를 모두 올렸다.

    화성 봉돈은 성벽과 함께 축조되었으며, 성곽건축의 백미로 평가받는다. 규모나 시설 면에서도 우리나라의 대표적인 봉수대다. 한국전쟁 때 일부 파괴된 것이 성벽과 함께 복원되었다.

자신의 등을 밟고 가기를 기다리는 남수문

봉돈에서 남쪽으로 동이포루를 지나면 동남각루다. 여기서 급하게 내려간 성벽은 수원천에서 끊어졌다. 수원천 바닥에 너부러진 석재들은 80년 전 일제강점기 때 철거된 남수문자리다. 개천 이쪽과 저쪽을 이어놓은 돌들은 이제 징검다리가 되었다.

남수문 안쪽으로 소를 몰고 가는 옛사람의 뒷모습이 찍힌 사진 한 장. 피사체가 사라지기 전에 급하게 찍으려다 초점이 흔들렸지만, 이 사진 한 장에는 잃어버린 역사가 담겨있다. 파괴된 성첩 아래 9개의 홍예와 좌우 성벽, 남수문의 초라한 모습은 주

복원한 동남각루와 성벽(1995년)

사진만 남은 남수문 (1907년)

남수문이 있었던 자리

인 잃은 빈집 같이 애처롭다.

　지금까지 공개된 남수문의 유일한 사진이다. 그것도 일본이 아닌 독일 사람이 1907년 3월 수원을 방문해 찍었다는데 사료적 가치는 매우 크다. 그 많은 화성사진에서 유독 남수문 사진은 더 이상 발견되지 않는다. 매사에 치밀한 일본인들이 왜 남수문을 사진으로 남기지 않았을까하는 의문이 생긴다. 일본은 우리의 사적지를 사진에 담아 많은 엽서를 발행했었다.

　멸실된 남수문은 정조 20년(1796년) 1월 16일 준공했다. 길이 29.4미터, 높이 2.8미터의 규모 큰 홍교였다. 남수문은 수원천의 범람을 막아 주는 동시에 방어적 기능까지 갖췄다.

　교량과 수문의 역할까지 겸했던 남수문은 비상시에는 군사시설로 활용할 수 있도록 설계했다. 성벽 아래로 9칸의 홍예를 만들었다. 그 사이에는 창살을 설치해 적의 침입을 막았고, 홍교 위에 성첩도 쌓았다. 수문통로 한쪽에는 벽돌로 비밀통로를 만들었다. 비상시 수백 명의 군사가 들어갈 수 있는 요새였다. 화포와 총을 쏠 수 있는

2011년 7월에 선보일 남수문 조감도

사진만 남은 매향교 (1907년), 오른쪽은 매향교가 놓였던 지금의 수원천이다.

57개의 구멍도 뚫었다.

하지만 남수문은 홍수에 약했다. 준공 후 수차례 붕괴되기도 했다. 1846년 6월 9일 폭우로 북수문과 남수문 홍예와 상부판석이 무너져 2년 후에나 보수가 됐다. 남수문은 1876년 서쪽의 벽면 5칸을 신축해 만년을 견디도록 다시 쌓았다.

1922년 7월, 수원일대에 집중호우가 쏟아졌다. 남수문은 또다시 수난을 당했다. 당시 일제는 남수문 일부구간이 무너지자 보수는커녕 뒷짐만 지고 있었다. 남수문은 그들에게 진절머리가 날 정도로 귀찮은 돌덩어리에 불과했다. 훗날 도시를 확장한다는 이유로 석재들은 어디론가 사라졌고, 화성의 남수문은 그렇게 사라졌다.

30여년 동안 전국의 옛 다리를 취재해온 기자로서는 남수문에 대한 안타까움이 남다르다. 깊은 산사의 수백 년 된 홍교도 거센 폭우를 이겨내고 현재까지 살아있다.

우리나라 성곽에서 가장 체계적이고 견고하게 쌓았다는 화성이 아닌가. 남수문이 관리부실로 멸실됐다는 것은 우리의 수치로 볼 수밖에 없다.

유물과 유적은 다시 생산할 수 있는 것이 아니다. 자본과 재료, 인력과 기술이 있다고 해서 무한정 만들어 낼 수 있는 것이 아니다. 생산이 불가능한 것이다. 보존만이 후손들이 할 수 있는 일이다.

정조 때 가설한 같은 시기의 안양 석수동 만안교를 보자. 규모가 남수문과 비슷하지만 지금까지 본래 모습으로 남아있다. 하천바닥에는 두꺼운 박석을 깔고 홍수에 대비하면서 관리에 만전을 다했기 때문이다. 전남 고흥군 흥양읍성에도 성벽과 연결된 홍교가 원상태로 보존돼 있다, 진천의 농다리는 천년세월에도 변함없다. 우리의 옛 다리는 석재들이 서로 맞물려있어 스스로 무개를 지탱하게끔 설계되어 붕괴의 위험을 최소화 했다.

화성박물관 앞 수원천에는 9개의 교각위에 판석을 깔았던 평교(매향교)도 있었으나 멀쩡했던 그 돌다리도 사라졌다. 일제가 파괴시킨 유적이 어디 한둘인가.

수원시는 사업비 120억원을 들여 남수문을 복원하기로 했다. 이제 2011년 7월이면 멸실된 자리에 새 다리를 볼 수 있다. 비록 옛 맛은 없지만, 한결같이 자신의 등을 밟고 지나가는 이들을 남수문은 기다리고 있을 것이다.

한 장의 사진으로만 남은 동남성벽 풍경

한 장의 사진이 수천마디의 말보다 진한 감동을 줄 때가 있다. 100년 전, 도시개발로 사라진 화성의 팔달문 주변에 있던 남암문과 남공심돈을 찍은 사진이다.

당시에는 흑백으로 찍었지만 작화과정에서 칼라사진으로 채색했다. 이 사진이 우리나라에서 찍은 칼라사진으로서 처음 등장한 것이다.

칼라사진 뿐만 아니다. 지금은 멸실된 수원화성 남공심돈 일대의 100년 전, 고색창연한 모습이 사진으로 처음 공개돼 성곽건축의 사료적 가치가 매우 중요한 것으로 평가받는다.

팔달문과 이어져 있던 성벽의 단절된 상태 (2010년)

사진만 남은 남공심돈 최초의 칼라사진. 지금은 없어진 팔달문과 연결된 성벽들을 볼 수 있다 (1907년)

동남각루 (2010년)

    이 사진의 주인은 1906년 일본주재 독일대사관에 근무했던 독일인 헤르만 산더(1868~1945)란 육군 장교다. 그는 대사관 근무 중, 러일전쟁의 주요 격전지 조사를 위해 관련 자료를 수집하게 된다.

    1906년 8월부터 사할린을 시작으로 중국, 한국 등을 방문했다. 이 과정에서 한국 문화에 대한 애정을 갖게 되었고, 1907년 3월부터 다시 한국을 방문하면서 서울의 풍물과 북한산성, 수원화성 등을 여행하며 한국에 관한 많은 자료를 수집했다.

    독일장교는 사진촬영을 위해 일본인 나카노를 고용했다. 그는 사람과 풍경을 찍은 사진과 수집한 사진을 구분하고, 연구와 조사가 될 만한 자료를 체계적으로 정리했다. 시간과 장소, 설명까지 기록해 두었다. 그리고 수집한 자료들을 전시하기 위해 박물관까지 설립하려 했으나 2차 세계대전으로 무산되고 말았다. 그 후 한국사진들은 그의 손자인 슈테판 산더가 2004년 국립민속박물관에 기증하면서 공개된 것이다.

　수원박물관 한동민 학예팀장은 당시 독일장교인 "헤르만 산더가 수원을 방문할 때 서울에서 기차를 타고 수원역에 내려 수원향교를 거치면서 가장 번화가인 팔달문과 그 주변의 주요한 시설을 카메라에 담은 것으로 본다"고 했다. 그들이 찍은 화성 사진이 수원과 관련된 가장 오래된 사진이라고 덧붙였다.

　사진에는 멸실되기 전 팔달문과 나란히 이어진 남동적대와 여장 일부가 보인다. 그 옆에는 화성의 다른 암문보다 규모가 큰 남암문 모습도 보인다. 암문 상부에는 문루를 세웠으며, 흰 두루마기를 입고 성안에서 암문으로 나가는 행인의 발길에서 잃어버린 우리의 옛 모습이 떠오른다.

　남쪽과 동쪽이 꺾어지는 성벽모서리에 세워진 남공심돈은 위용이 넘친다. 다른 공심돈보다 규모가 작지만 꼭대기에 판문을 달지 않고 사방을 개방했다. 서북공심돈과 동북공심돈이 부드러운 곡선이라면 남공심돈은 각진 턱, 꼭 다문 입술처럼 야무지고 튼튼한 모습으로 서있다.

　성벽 안팎엔 할머니의 등처럼 부드러운 곡선의 초가들이 옹기종기 모여 있다. 하지만 일제강점기와 한국전쟁 때 큰 폭풍을 맞은 화성은 제 모습을 잃고 퇴락했다. 성곽이 무너진다는 것은 곧 우리의 정신이 무너지는 것이다. 한번 멸실된 유적은 원상복구가 어렵다. 경제적인 손실도 엄청나다.

　화성은 다행히 복원할 때 화성성역의궤에 기록된 내용을 근거로 파손된 성벽과 건축물은 원형을 되찾았다. 하지만 멸실된 남공심돈과 남암문, 그리고 주변 성벽을 되살리는 것은 우리에게 숙제로 남았다.

　백여 년의 세월이 흐른 지금 당시 독일장교 일행이 사진을 찍은 장소에 섰다. 그때의 모습과 현재 모습을 보고 있으니 상전벽해(桑田碧海)란 말이 딱 어울린다. 팔달문은 2층 문루만 보일뿐 성벽 뿌리조차 찾을 길 없다.

　언제쯤 끊어진 성벽이 다시 이어질까. 정조 임금 같은 카리스마의 지도자가 나온다면 해결될까? 그는 우리의 역사와 문화, 백성들을 아꼈던 군주였다. 인문학이 숨어 있는 역사의 현장은 한 민족의 상처와 그리움만 남기고 영원히 사라졌다.

하늘에서 본 화성의 옛길 (2010년)

행궁의 주인은 사라지고

　수원의 진산인 팔달산은 평지에 우뚝 솟아 있어 탑산으로 불렀다. 그 탑산 양지바른 기슭에 행궁이 앉아있다. 우리나라에서 위용 있는 건물들 대부분은 남향으로 터를 잡았는데 화성행궁은 동향이다. 팔달산을 병풍삼은 최상의 풍수로 손색이 없는 지형이었던 것이다.

　정조는 화성을 쌓기 전부터 아버지의 융릉참배 길에 서울에서 수원까지 중요 경유지인 과천, 안양 등 6곳에 행궁을 지어 휴식을 취했다. 그 중에서 화성행궁은 최대 규모였다. 행궁은 임금이 행차하였을 때 머물렀던 임시 거처다.

　화성행궁은 1789년 화성을 쌓기 전에 이미 완성되었다. 그러다가 화성축성이 시작되면서 증축해 1796년 화성과 동시에 완공됐다. 당시 576칸의 장대한 규모로 확대되었다. 다른 행궁은 150칸으로 만들었지만, 정조는 장차 화성으로 내려와 살 생각으로 행궁을 크게 지었다. 정조가 훗날 예정대로 1804년에 왕위를 물려주고 이곳에 왔다면 행궁 규모는 달라

신풍루 앞 정조임금 행차장면 재연 (2010년)

졌을지도 모른다. 상왕신분으로 내려올 것으로 생각해 지은 행궁은 서울의 정궁과 모양새가 같다.

화성행궁은 일반 행궁과 다르다. 즉 정궁의 '삼조삼문(三朝三門)'의 형식을 갖추었다. 첫째 왕의 명을 받아 궁궐안의 신하들이 일하는 공간, 둘째 왕이 나라를 다스리기 위해 업무를 보는 공간, 셋째 왕의 건강을 위해 여가 생활을 즐길 수 있는 공간을 '삼조'라고 했다.

'삼문'은 왕의 집무실인 정전에 가기 전 3문을 통과해야 한다. 경복궁 근정전 앞에 광화문, 홍례문, 근정문이 있고, 창덕궁에도 돈화문, 진선문, 인정문을 통해야 하듯이 화성행궁에도 정전인 봉수당에 가기 전 3문을 통과해야 했다.

정조는 화성행궁에도 창덕궁의 후원 같은 정자를 부대시설로 지었는데, '미로한정'이 그곳이다. 미로한정이라는 말은 '장래 늙어서 한가하게 쉴 정자' 라는 뜻이며,

(왼쪽) 행궁의 정문인 신풍루를 지나면 좌익문 등 3개의 문을 통과해야 정전인 봉수당에 갈 수 있다.
(오른쪽) 낙남헌에서 잔치를 벌이는 장면 재현

축성 당시를 재현한 화성 전경 모형

수원화성 행궁 유여택

정조가 왕위에서 물러나 노후생활을 꿈꾸며 지었다는 '노래당'도 있다. 노래(老來) 란 말은 '늙는 것은 운명에 맡기고 편안히 살면 그곳이 고향이다'라는 당나라 시인 백

거이의 시에서 따온 것이라고 한다. 정자 주변에는 국화꽃을 심어 놓고 가을 풍경의 아름다움을 극대화 했다. 하지만 정조는 국화향기도 제대로 맡아보지 못한 채 떠나고 말았다

화성행궁은 단순한 휴식공간이 아니라 왕권강화의 상징물로 정치적, 군사적인 의미를 지니고 있다. 행궁 정문인 신풍루로 들어서면 좌익문, 중앙문, 임금의 정전인 봉수당이 중앙에 자리 잡았고, 그 좌우로 여러 건물들이 배치된 것이 화성행궁의 특징이다. 신풍루는 처음에 '진남루'로 불렀다. 왜적의 재침략을 막는다는 의도였다. 이후 어머니 혜경궁 회갑연을 앞두고 정조가 진남루 명칭을 '신풍루'로 고치라고 하였다. 신풍은 새로운 고향이란 뜻이다. 신풍루는 단순한 행궁정문 역할만 한 것이 아니다. 1795년 을묘원행 때 정조는 신풍루 앞에서 홀아비, 과부, 고아 등 의지할 곳 없는 사람에게 쌀을 나누어 주고 굶주린 백성들에게는 죽을 끓여 먹이는 행사를 열었다.

신풍루 좌우에는 정조의 친위부대인 장용영 군사들이 거처했다. 군영들을 전면에 배치한 것을 볼 때 정조의 의중을 엿볼 수 있다. 그는 반대세력이 암살을 노린다는 정

하늘에서 본 서장대와 행궁

수원화성 행궁인 장락당

보를 듣고도 일망타진하지 않았다. 조선 최대의 무술 경호부대가 있었기 때문이다.

화성 행궁에서 가장 중요한 건물이 봉수당이다. 이 건물은 처음 동헌으로 '장남헌'이라 불렀다. 임금이 머무를 때는 집무실로 사용했다. 어머니 회갑연때 봉수당으로 바꿨다. 봉수당에서 어머니 혜경궁의 회갑잔치를 열었다.

봉수당 옆 건물이 장락당은 침전으로 혜경궁 홍씨의 만수무강을 위해 정조가 직접 이름 짓고 친필로 편액을 썼다.

낙남헌은 경복궁의 경회루 같은 역할을 했다. 군사들에게 음식을 나누어주며 위로했고, 과거시험을 치르기도 했다. 노인들을 초청해 양로연을 열어 비단 한단씩을 나누어주고 백성들의 삶의 소리도 들으면서 환곡을 탕감해 주었다. 낙남헌은 정조의 마음을 읽을 수 있는 장소였다. 그 헤아림인지는 모르지만 화성행궁 중에서 훼손되지 않고 지금까지 남은 유일한 건물이 낙남헌이다. 일제강점기에는 수원군청으로, 그 이후에는 신풍초등학교 교무실로 쓰였다.

유여택은 평상시에는 화성 유수가 거처했다. 임금이 오면 이곳에 머물며 신하를 접견하던 장소다. 정조는 이 건물에서 각 행사의 보고를 받고 하교도 내렸다.

화성행궁 발굴 현장 (1995년)

    행궁에는 내당으로 쓰던 복내당과 임금과 신료들이 활을 쏘던 득중정, 정조와 역대 임금이 행차할 때 행사준비를 하던 외정리소, 행궁의 사무를 담당하던 집사들이 사용하는 집사청, 화성유수와 관리들이 임금께 망궐례를 올렸던 우화관 등이 행궁에 자리 잡았다.

    하지만 1910년 한일합병 이후 전국의 읍성들이 철거되면서 화성행궁도 고비를 맞게 된다. 어머니 혜경궁의 만수무강을 기원하던 봉수당에는 병원이 들어섰고, 군사들이 거처하던 북군영에는 수원경찰서가 들어섰다. 정조의 꿈과 이상이 담긴 화성행궁이 일제강점기에 식민관서로 쓰이면서 파괴되기 시작했다. 격변의 소용돌이가 지난 후 1970년대에 화성이 중건되자, 1989년 행궁복원추진회가 구성되고, 1996년 중건공사가 시작되면서 8년이 지난 2003년 화성행궁은 완공됐다.

    팔달산 상공에서 본 행궁은 이제 모든 건물들이 제자리를 찾았다. 신풍루 앞에는 금천교로 부르는 돌다리도 놓이고 드넓은 광장도 생겼다. 행궁의 주인은 사라졌지만 그가 남긴 화성에는 지금 지구촌 사람들이 모여들고 있다.

정조의 화성행차 8일

하늘에서 본 화성내부는 이제 현대식 건물로 탈바꿈했고, 남북을 관통했던 옛길은 넓혀지긴 했으나 뼈대는 축성 당시 그대로 남아 있다. 옛길은 장안문 밖을 나와 이목리를 거쳐 지지대고개로 이어진다. 북문인 장안문 주변은 60년대까지만 해도 노송들로 가득했으며, 정조가 능행을 다닐 때와 별 차이가 없었다.

정조는 조선시대 어느 임금보다 바깥나들이가 많았다. 다른 임금들이 1년에 한 두

정조능행차 재현 (1995년)

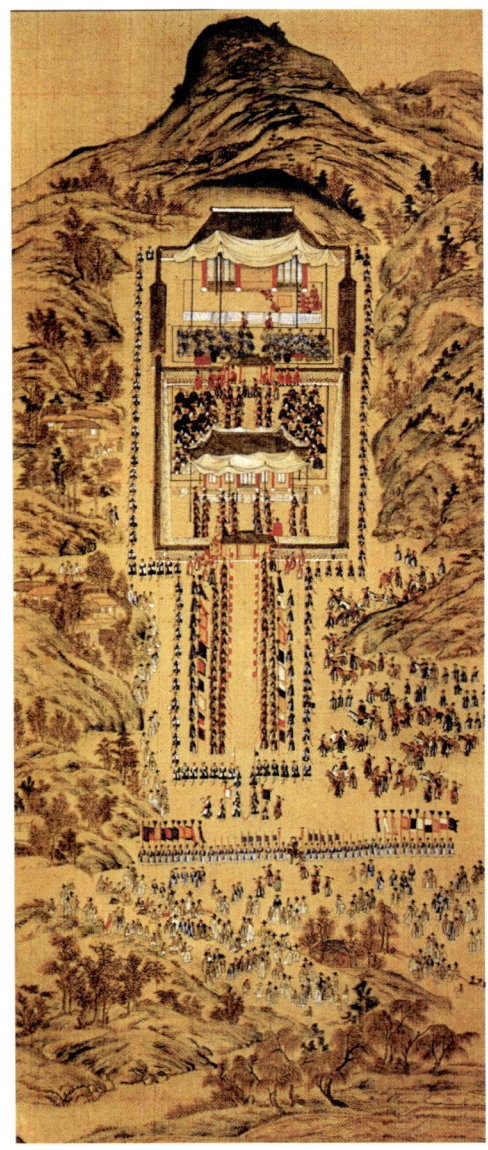
화성성묘전배도

낙남헌양로연도

차례 행차를 하였지만, 그는 재위 24년 동안 66회나 궁궐 밖으로 나섰다. 그 중 수원에 있는 아버지 사도세자의 묘소인 현륭원 참배가 가장 많았다.

무려 13번이나 화성을 찾았다. 때론 거창한 위의(威儀)를 갖춘 행렬이 아니었다. 남몰래 군복을 입은 채 말을 타고 달려 하루 만에 다녀오기도 했다.

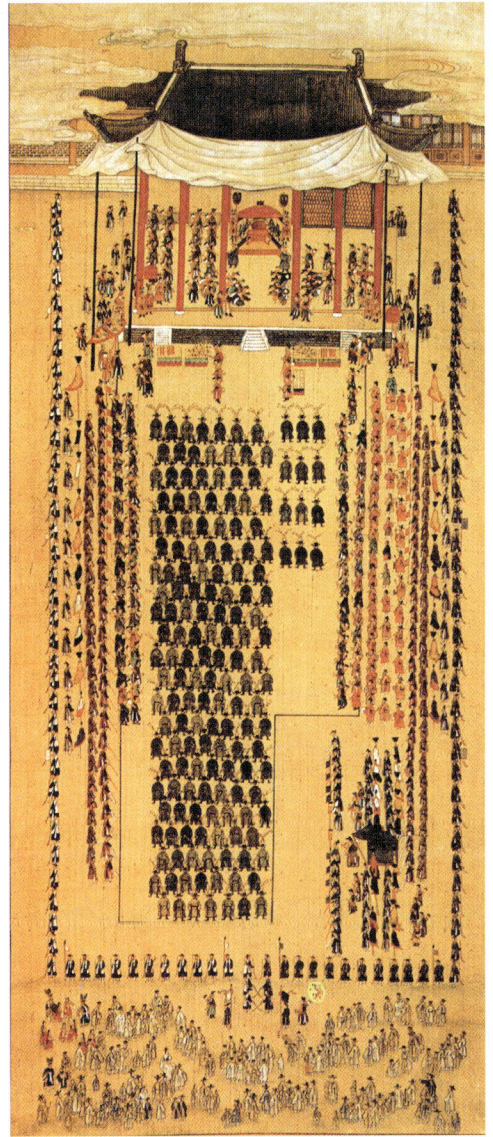
낙남헌방방도

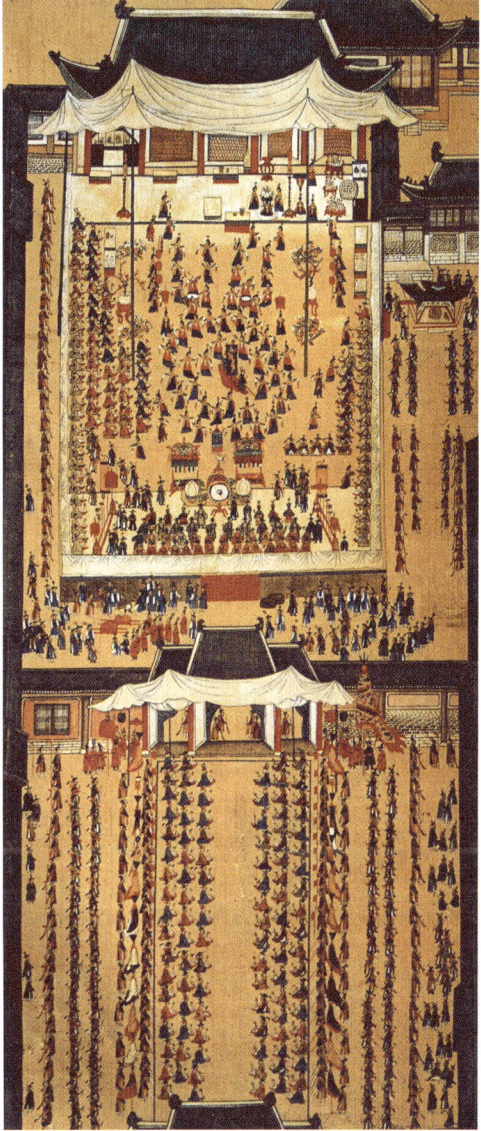
봉수당진찬도

정조의 능행차가 있는 날이면 화성일대는 구경나온 백성들로 인산인해를 이루었다. 지지대고개를 넘은 어가행렬이 화성으로 들어올 때까지는 제법 오랜 시간이 걸렸다. 그래도 사람들은 지루해하지 않았다. 떡과 엿을 사먹으며 마냥 기다렸다. 그렇게 인파가 모여든 풍경의 그림들이 능행도에 고스란히 그려졌다.

득중정어사도

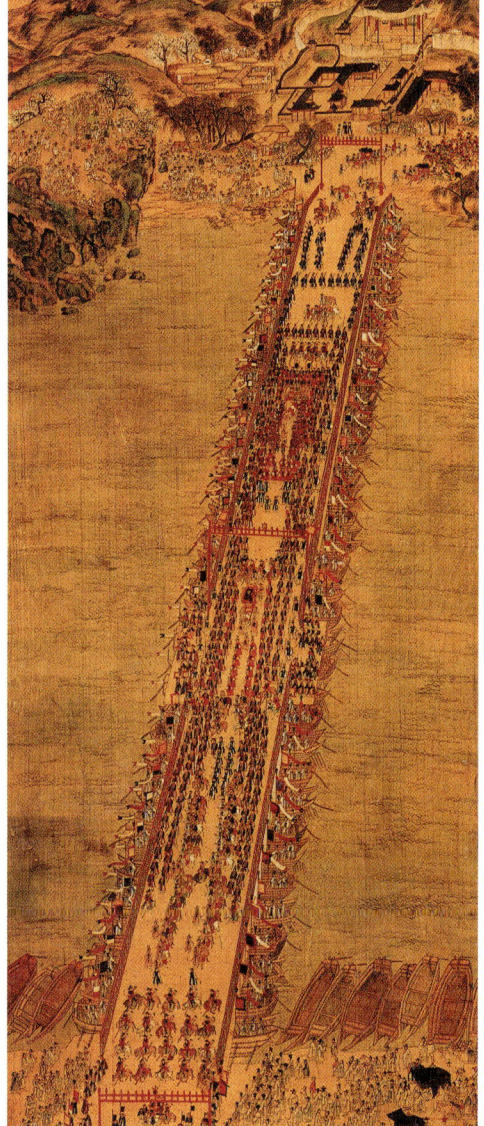
노량주교도섭도

　정조는 즉위와 동시에 본궁인 경희궁을 창덕궁으로 옮겼다. 그리고 19년 후 어머니 혜경궁 홍씨의 회갑잔치를 화성행궁에서 화려하게 치르기 위해 날을 잡았다. 정조는 1년 전부터 행차를 준비하게 했다. 행사를 주관할 정리소를 설치하고, 행사 경비로 10만 냥을 마련하였는데 정부의 환곡을 이용한 이자 수입이었다.

시흥환어행렬도   서장대성조도

    어머니가 탈 가마 2개는 특별하게 만들었고, 한강을 건너는 배다리도 가설됐다. 1,800여명의 수행원들이 이동할 수 있는 도로를 노량진에서 시흥, 군포와 의왕, 지지대고개에 새로 건설했다. 행렬의 모습을 담은 반차도에 나타난 인원은 1,779명이었지만 경호원 등을 포함하면 6,000여명에 이르는 대규모 행차였다.

1795년 윤 2월 9일 새벽, 드디어 정조의 능행길 행차가 창덕궁을 출발해 7박8일간의 공식 일정에 들어갔다. 나라 전체가 들썩거리는 거국적인 행사였다. 특히 아버지가 잠들어있는 화성에서 어머니 회갑연을 열어 효를 나타내고 싶었다. 하지만 정조의 능행은 참배의 목적과 함께 왕권의 위엄을 과시해 반대 세력의 기를 꺾기 위한 목적이 다분했다.

　첫째 날, 행렬은 노량진을 향해 배다리를 건너 노량행궁에서 점심을, 시흥행궁에 도착해서는 하룻밤을 묵었다. 둘째 날, 점심은 사근창 행궁(의왕시 왕곡동)에서 들었다. 늦은 오후 봄비가 내리는 가운데 정조는 화성장안문에 도착했다. 임시거처에서 군복을 벗고 황금갑옷으로 갈아입었다. 군주로서 위엄을 갖추어 백마를 타고 행궁으로 들어갔다.

　말에서 내린 정조는 어머니를 장락당으로 모셨다. 긴 원행이 마무리 되는 순간이다. 지엄한 임금이기 이전에 아들로서의 도리를 다한 것이다. 임금이 되기까지 숱한 위기를 극복한 자랑스러운 아들을 바라보는 어머니의 심정은 어떠했을까.

융릉 제향일에 전조 임금의 참배를 재현하고 있다. (1995년)

융릉 제향일 (1995년)

어머니는 28살에 남편인 사도세자를 잃고 홀로 정조를 키웠다. 그 고통은 이루 말할 수 없었다. 아버지가 잠들어 있는 화성에서 회갑연을 열어 어머니와 아버지께 대한 효도를 하고 싶었던 것이다. 그것만이 아니었다. 어머니와 장차 내려와 살 화성의 모습과 자신이 왕으로서 나라를 다스린 모습을 보여주고 싶었던 것이다.

화성에서 하룻밤을 보낸 셋째 날, 정조는 새벽에 화성향교 대성전에서 공자를 참배했다. 첫 행사를 향교참배로 정한 것은 유학의 창시자인 공자를 참배함으로써 정조 자신이 학문과 조선의 문화를 발전시키겠다는 의지를 보여주는 것으로 해석된다.

그는 행궁에 돌아와 수원과 인근의 선비와 무사들을 대상으로 특별 과거시험을 실시했다. 우화관에서 문과, 낙남헌에서는 무과시험을 치렀다. 이 시험에서 문과 5명, 무과 56명이 선발되었다. 오후에 합격자 명단을 발표하고 합격된 사람들에게 합격증명인 홍패를 당일에 나누어주면서 사기를 높였다.

넷째 날, 정조는 이른 새벽에 아버지가 묻힌 화산 현륭원으로 어머니와 함께 출발했다. 어머니는 특별히 만든 유옥교라 부르는 지붕이 있는 가마를 타고 묘소에 도착했다. 묘소 곁에 설치한 휘장안으로 들어선 어머니는 가슴이 사무치도록 비통함에 젖어 대성통곡 했다. 사별한지 34년 만에 남편의 무덤을 처음 찾은 것이다. 더구나 친정아버지와 숙부가 남편을 죽게 하는데 결정적인 역할을 했기 때문에 더욱 비통할 수밖에 없었다.

정조도 비통함을 감추지 못했다. 그는 아버지 사도세자를 죽이고 자신마저 끌어내리려고 온갖 음모를 자행했던 세력들을 똑똑히 기억하고 있다. 홍인한 등과 자신을 암살하려 했던 화완옹주(정조의 고모)의 양아들 정후겸을 귀양 보내고, 옹주는 시녀로 강등시켰다. 홍인한, 홍상간 등도 제거했다. 영조의 후궁인 숙의 문씨의 관직을 박탈하고 사저로 내 쫓았다. 문씨는 할아버지의 후궁이었기에 목숨만은 살려주려 했으나 대신들이 거듭 상소를 올려 결국 사약을 내렸다.

정조의 고민은 외조부 홍봉한이었다. 아버지를 죽인 주범이었기에 때문이다. 형조판서와 성균관 유생들도 홍봉한을 처형해야 한다고 나섰다. 홍봉한이 처형되기 전에는 군신들 모두 편히 잘 수 없다고 주청했다. 하지만 정조는 아버지의 원수를 갚으

융릉 제향일 (1995년)

면 어머니의 원수가 될 수밖에 없다는 기로에 섰다가 결국 용서의 길로 가닥을 잡았다. 그 대신 아버지 사도세자를 복원하는데 전력을 다했다.

정조가 왕이 된지 13년만에 사도세자의 무덤이 불길하니 천장을 해야 한다는 상소가 올라왔다. 상소를 받은 그는 장소를 물색 중 효종의 능으로 추천됐던 수원부 화산을 지목했다.

드디어 사도세자는 양주 배봉산에서 지금의 융건릉으로 옮겼다. 비참하게 죽은 지 27년 만에 화려하게 부활한 것이다. 왕릉자리는 명당 아닌 곳이 없다. 화산은 세종의 영릉과 함께 국내 최고의 길지로 꼽는다.

여기서 잠시 융건릉과 용주사를 살펴보기로 하자 수원화성을 답사하면 반드시 둘러보아야 할 곳이다. 이들 3곳은 정조로 시작해서 정조로 끝나는 유적이다.

수원의 옛 도시 화산에는 고려시대 말에 쌓은 4킬로미터 규모의 읍성이 있었다. 현재도 융건릉 뒷산에서 수원대학교까지 500미터가 남아있다. 정조의 생부인 사도세자 묘가 옮겨올 때까지 수백 년 동안 수원부 고읍성으로 사용했던 곳이다.

고읍성에 살고 있던 백성들을 현재의 수원화성으로 이주를 시켰다. 조선시대에는 왕족의 능원으로 택지되면 사방 10리 안에 있는 주변 무덤과 마을이 강제 철거된다.

정조는 백성들의 원망을 최소화하기 위해 노력했다. 사도세자의 묘를 이전하는데 백성들에게 고통을 주어서는 안된다는 확고한 소신을 세웠다. 철거하는 민가에는 내탕금을 주어 땅값을 넉넉하게 보상하고, 새집을 지을 자금까지 주었다. 이주하는 백성들은 감격의 눈물을 흘렸다. 능 조성과 동시에 정조의 머릿속에는 새로운 도시를 건설하겠다는 계획이 세워졌다.

아버지 묘를 참배할 때마다 거소가 필요했다. 행궁을 건립하고 현륭원과 행궁 보호를 위해 2년 만에 성을 완성했다. 대단한 추진력이자 효성이다. 정조의 야망은 반대 세력들의 기를 꺾기에 충분했다. 그렇게 태어난 곳이 화성이다.

정조가 왕위에 오르면서 첫 번째로 한 일이 아버지의 시호를 장헌으로 바꾼 것이다. 우리에게 사도세자로 더 알려진 그 칭호는 할아버지 영조가 준 것이니 마음에 들 리가 없었다. 그리고 훗날 고종은 1899년 장헌세자를 추존왕으로 올렸다. 왕위를 잇지 못했지만 죽은 후에 임금의 칭호를 준 것이다. 정조의 한(恨)이 풀어졌을지도 모른다. 능 이름은 융릉이다.

　수원에는 정조와 사도세자의 이야기가 곳곳에 널려있다. 아버지 묘에 송충이가 가득하자 송충이를 이빨로 물어 죽였더니 더 이상 송충이가 나타나지 않았다. 융건릉에는 지금 참나무와 소나무가 군락을 이루고 있다. 숲을 지나면 갈림길이다. 왼쪽은 정조의 능인 건릉, 오른쪽은 아버지의 능인 융릉이다.

　오른쪽으로 야트막한 구릉을 지나 언덕을 내려가면 왕릉입구에 대황교란 돌다리가 있다. 이 돌다리는 안녕면 하유천에 있던 돌다리인데 옛날 정조가 아버지 묘 참배길에 건너던 다리다. 1970년 수원비행장 확장공사 때 이곳으로 옮겨 놓은 것이다.

　정조는 생전에 하지 못한 효를 다하기 위해 현릉원에 온갖 정성을 다했다. 야트막한 구릉위에 능침을 정하고 하루 종일 볕이 드는 자리에 모셨다.

　융릉의 석조물은 꽃문양으로 치장해 화려하다. 봉분을 받치고 있는 병풍석은 난초, 국화, 모란꽃으로 장식했다. 죽어서 왕이 된 추존왕릉에는 무인석이 없으나, 융릉은 다르다. 무인석의 당당한 모습, 예복에 금관조복을 입은 문인석 등 초라한 정조의 건릉과 너무나 차이가 난다. 이곳에는 정조가 승하한 15년 후에 어머니 혜경궁 홍씨가 남편과 합장했다.

　융릉 뒤 곡장에서 내려다본다. 특이하게도 정자각과 능침이 일직선상에 있지 않다. 조선 왕릉에서 능침과 정자각, 그리고 홍살문의 배치는 대부분 일직선으로 나 있나.

　왕에게 제사를 지내기 위해 봉분아래 정자각을 지어놓은 것이다. 하지만 융릉의 정자각은 능침 앞에 있지 않고 옆으로 비켜서 있다. 뒤주에서 비참하게 일생을 마친 아버지에게 죽어서도 세상을 바로 볼 수 있도록 배려한 것이다.

　효성이 지극했던 정조는 죽어서도 아버지 곁에 묻히기를 유언으로 남겼다. 정조의 건릉은 아버지 능의 서쪽에 있다. 서쪽이 더 높은 자리인데 왜 정조가 그쪽으로 갔을까.

　처음 안장된 곳은 아버지가 잠들어 있는 융릉 동쪽 200미터 아래였다. 임금의 자리보다는 자식 된 도리로 아버지 보다 낮은 장소를 택했다. 하지만 정조의 건릉은 자리가 좋지 않아 가랑비에 옷 젖듯 봉분이 비에 약했다. 보수를 해도 소용없었다.

정조가 처음 안장되었던 봉분자리에서 참배하는 사람들

건릉의 참나무 숲을 찾아온 시민들

뒤쪽에서 본 융릉 전경

융릉 석조물

백성들의 여론도 좋지 않았다. 그의 아들 순조는 어머니인 정조의 비 효의왕후가 돌아가시자 현재의 자리에 합장했다. 정조가 서거한지 21년 만에 일이다. 정조가 처음 묻혔던 터에는 지금도 웅덩이가 파여 있고, 대왕의 격에 어울리지 않는 초라한 장소로 남아있다.

건릉의 봉분은 병풍석 없이 난간석만 설치되어 있다. 혼유석은 하나에, 문무인석은 목이 드러나 있어 실제 사람이 서있는 것 같다. 아버지 융릉보다 석조물의 기법이나 완성도가 떨어진다. 어린나이에 왕이 된 정조의 아들 순조의 힘이 이곳에 미치지 못했다.

융건릉 앞에는 사도세자의 넋을 위로하는 원찰 용주사가 있다. 원래 신라 문성왕 16년(854) 갈양사로 창건해 병자호란 때 소실된 후 폐사됐던 옛터에 세운 절이다.

정조 14년(1790)에 보경스님을 팔도도화주로 삼았다. 백성들은 비명에 간 장헌세자를 위해 절을 세운다고 하자 너도 나도 시주를 마다하지 않았다. 보경스님은 8만냥의 시주금으로 4년 만에 절을 완성했다.

절은 장헌세자의 명복을 빌어주는 능사로 창건된 것이다. 낙성식 전날 밤, 정조는 용이 여의주를 입에 물고 승천하는 꿈을 꾸었다. 이튿날 낙성식장에 친히 거동한 임금은 용주사라 명했다.

용주사는 전통적 가람배치 양식이 아닌 궁궐의 배치방식을 채택한 독특한 사찰이다. 대웅보전 왼쪽에 있는 호성진에는 장조와 경의왕후, 정조와 효의왕후의 위패가 모셔져 있다. 호성전 앞에는 부모은중경탑이 서있다.

불교 경전에 부모의 크고 깊은 은혜를 보답하도록 가르친 부모은중경이 있다. 부모의 은혜가 얼마나 크고 깊은가를 어머니 품에 품고 지켜준 은혜, 해산 때 고통을 이기시는 은혜, 자식을 낳고 근심을 잊는 은혜, 쓴 것을 삼키고 단것을 뱉어 먹이는 은혜, 진자리 마른자리 가려 누이는 은혜, 젖을 먹여 기르는 은혜, 손발이 닳도록 깨끗이 씻어주시는 은혜, 먼 길을 떠났을 때 걱정해 주시는 은혜, 자식을 위하여 나쁜 일까지 감당하는 은혜, 끝까지 불쌍히 여기고 사랑해 주시는 은혜 등 10가지 은혜로 나누어 설명하고 있다.

정조는 자신에게 부모의 은혜를 새삼 일깨워주고, 용주사를 세우는데 크게 공을 세운 보경 스님에게 승려로서 으뜸인 도총섭의 칭호를 주어 용주사를 관장하게 했다. 그리고 전국에서 가장 그림을 잘 그리는 화공을 찾아 부모은중경의 내용을 그림으로 그리게 한 후 다시 경판으로 각하여 용주사에 모시게 했다. 경판은 지금도 원형대로 잘 보존되고 있다.

용주사는 아버지와 아들 부자간의 이야기가 서려있는 절이다. 정조는 부친을 위해 할 수 있는 일은 무엇이든 다했다.

예를 다해 제향을 마친 정조는 숨이 넘어갈 듯한 어머니를 진정시켰다. 어머니인 혜경궁 홍씨는 환갑을 맞아 남편의 비극과 자신의 한 많은 삶을 떠올리며 회고록인 『한중록』을 남겼다. 한중록은 혜경궁의 조카 홍수영의 청으로 쓰기 시작했다. 내용은 궁중에서 벌어진 갖가지 음모와 남편인 사도세자가 뒤주에 갇혀 죽임을 당했던 일, 혜경궁 자신의 어릴 적 추억과 세자빈으로 간택된 이야기, 또 아들 정조의 효성, 궁궐의 생활을 자세히 적었다. 홍씨는 한중록을 통해 자신의 친정가문이 남편의 죽음에 연관이 없음을 손자인 순조에게 알리기 위해 썼다고 했다.

다시 어머니와 행궁으로 돌아온 정조는 이날 오후에 투구와 황금갑옷으로 갈아입고 직접 말을 몰아 서장대로 올라갔다. 서장대 앞에는 장수들이 좌우로 정연히 서있고, 그 외곽으로 군병들이 대오를 갖추었다. 앞마당 끝에 장대를 세우고 대장기도 달았다. 임금의 행차를 알리는 취타소리가 서장대에 울려 퍼지자, 5천명의 친위부대가 화성을 방어하는 군사훈련이 시작됐다.

이날의 훈련은 주간과 야간 두 차례에 걸쳐 거행됐다. 낮 훈련은 '주조' 밤 훈련은 '야조'라 했고, 전체훈련은 '성조'라 했다. 특히 야간에는 성벽을 따라 진을 친 군병들과 성안 백성들이 혼연일체가 돼 횃불을 들고 참여하는 장엄한 광경을 연출했다. 모든 훈련은 정조가 직접 지휘했다. 화성 밤하늘에 울려 퍼진 함성은 한양에 있는 반대 세력에게 엄청난 위력을 보여주었다.

다섯째 날에는 이번 행차의 하이라이트인 어머니 혜경궁 홍씨 회갑잔치가 봉수당에서 거행됐다. 그동안은 화성의 선비와 무인들을 보살폈지만, 이 날은 왕실을 위한 행사였다. 어머니 친척들을 초대했다. 여자친척 13명, 남자친척 69명이었다. 정조와 신하들은 순서에 따라 혜경궁에게 술잔을 올리고, 궁중음악이 울려 퍼지는 가운데

용주사 부모은중 경탑

천보루에서 본 용주사 대웅보전

'천추만세'로 축하했다. 이날 잔치에는 70종의 음식과 42개의 꽃이 올려졌다. 주변에 모인 백성들에게도 잔치 상이 돌았다.

여섯째 날은 새벽부터 신풍루 앞에서 가난한 인근 백성들에게 쌀을 나눠주고, 5천여 명의 백성을 불러 죽을 끓여주며, 직접 죽을 맛보았다. 낙남헌에서는 양로 잔치를 베풀었다. 어머니와 동갑인 서울서 온 관리 15명과 화성의 노인 384명이 참석했다. 정조는 이들에게 지팡이와 비단 수건을 선물로 주었다.

이날 정조의 음식은 노인들의 밥상에 오른 음식과 같았다 국왕의 밥상을 노인들도 함께 받은 셈이다. 양로연을 끝으로 공식 행사는 끝났다. 정조는 화성백성들과 어머니 회갑잔치의 기쁨을 함께 했다. 자신의 어진 정치가 화성을 중심으로 전국으로 퍼지기를 기대했다.

일곱째 날은 화성에서 모든 행사가 끝나고 귀경길에 올랐다. 한양으로 돌아가는 길

지지대 고갯마루의 비각

은 내려올 때와 같은 지지대고개인 미륵고개였다.

정조는 지지대고개만 넘으면 아버지가 잠든 능원과 화성이 보이지 않는다는 것을 알고 아쉬움에 복받쳤다. 정조는 미륵고개에 오면 떠나기가 싫어 거동을 멈추고 한참동안 남쪽을 바라보곤 했다. 자신도 모르게 말에서 방황했다고 한다. 고개 위를 보니 둥글게 생긴 돌 자리가 있다. 정조는 그 자리를 '지지라고 이름 지으라, 그리고 미륵현 밑에 지지대라는 세 글자를 넣어 표석을 세우라'고 했다. 훗날 지지대 비를 세웠고, 지금까지도 그 고개를 지지대고개로 부르고 있다.

그 날 정조가 이 고개에서 머뭇거리며 떠날 줄 몰라 하자, 경호원들이 애태우기까지 했다.

"발길이 더디기만 하니 누가 내 마음을 알리오.

혼정신성의 그리움을 다하지 못해
오늘 또 화성에 와보니
궂은비는 아버님 산소에 부슬부슬 내리고
이 마음은 제전을 속절없이 헤맨다.
어째서 사흘 밤을 머물렀나
아버님 영정을 모셨기 때문이로세.
더디고 더딘 걸음에 고개 들어 바라보니
오운이 저 멀리 피어나고 있구나."

정조는 아버지에 대한 애틋함을 시로 남겼다.
여덟째날 시흥행궁에서 하루를 묵은 국왕은 행궁을 떠나 노량 용양봉저정에서 점심을 들고 한강 배다리를 건너 저녁에 창덕궁에 도착하는 날이다. 그런데 용양봉저정은 찾는 사람이 없어 잊혀졌다. 조선후기 정자 건축물로 특색 있다. 용산에서 한강대교 건너 맞은편에 위치한다.

마지막 날 모습은 시흥환어행렬도에 자세히 그림으로 남겼다. 엿장수, 사당패 등 많은 백성들이 임금의 귀경길을 맞이하는 장면이다. 8일간의 장엄한 행차가 끝나는 날이다. 궁궐에 돌아온 지 닷새 만에 창덕궁 춘당대에서는 행차를 수행한 신하와 장교, 군졸들에게 음식을 베풀어 위로하는 잔치가 열렸다. 참석 인원은 3,846명이었다. 모든 참석자에게 흰떡 3개, 대구어 1편, 쇠고기 산적 1곶, 술 한 그릇이 제공됐다. 이 밖에 장용영, 용호영, 훈련도감, 금위영, 총영청의 대장 이하 장교와 군병 3,536명에게도 똑같이 돈 2전 7푼이 지급됐다.

행차 뒤 마무리는 상을 주는 일이었다. 행차를 따라간 수많은 관료와 군병들도, 각 고을에서 일한 관리와 아전들도 똑같이 대접을 받았다.

1795년 윤 2월 9일~2월 16일까지 8일간 화성행차의 모든 것을 기록한 『원행을묘정리의궤』에는 그날의 행사와 관련된 장면, 도구, 수행원들의 행렬도 등을 112쪽에 판화로 그려 놓았다. 『원행을묘정리의궤』는 『화성성역의궤』와 함께 세계기록유산으로 등록됐다.

화령전에는 정조의 혼령이

1800년 6월 28일 천재 임금 정조는 아홉수를 넘기지 못하고 48세의 나이로 승하했다. 사망 원인은 악성종기라고 한다. 독약중독의 타살 논란이 끊이지 않고 있는 가운데 최근 경희대 동서신의학병원 사상체질과 교수팀은 패혈증과 뇌졸중(중풍) 등의 기저질환이 사망 원인일 가능성이 크다고 밝혔다. 조선왕조실록과 승정원일기를 바탕으로 정조의 발병부터 사망까지 질환의 증상과 처방, 어의의 주장과 정조의 어록을 날짜별로 재정리한 결과라고 했다.

정조는 과연 독살되었을까, 현재 학자들 사이에서 이에 대한 논쟁이 일고 있다. 정조가 독살됐다는 정확한 증거는 없지만 정조를 제거하려는 일단의 세력이 있었던 것은 역사적 사실이다. 당쟁의 소용돌이 속에서 항상 죽음의 위협에 시달렸던 정조였다.

화성 화령전 (1990년)

(위) 행궁 화령전 운한각
(아래) 화령전 운한각 뒷모습

내삼문 문지방 삼태극 받침목

　부와 권력은 세습되지 않는다. 수명 또한 그렇다. 정조임금은 자식 복이 지독히도 없다. 왕비 효의왕후는 아예 석녀이고, 후궁 의빈 성씨가 낳은 맏아들 문효세자는 4세에 요절했다. 노심초사 끝에 정조가 38세에 후궁 수빈 박씨에게서 낳은 둘째가 순조다. 순조 재위기간은 불운의 연속이었다. 순조의 외아들도 아들하나 낳고 21세에 죽었다. 그 아들이 24대 헌종이다. 헌종도 자식이 없어 22세에 승하했다. 이로써 정조의 대는 끊어지고 말았다.

　영조가 죽자 25세에 왕이 된 정조는 반대세력인 노론과 치열하게 겨루었다. 자신을 지켜줄 친위세력인 장용영이라는 특별경호팀까지 만들어 운영하였던 정조는 왕실을 튼튼히 하고 자손을 번창시켜야 한다는 절박감이 있었다.

　정조는 자신의 이름까지 바꿔가면서 대를 잇기를 간절히 바랐지만 그 꿈은 이뤄지지 않았다. 그동안 수모를 당하며 살아온 영조의 후궁 정순왕후가 순조 때 수렴청정

화팅선에는 성소의 흔덩이 | 209

화령전 외삼문

하자 노론 벽파가 득세했고, 그로 인해 정조의 원대한 꿈은 하루아침에 사라졌다. 정조의 죽음으로 조선은 급격히 쇠퇴의 길로 들어섰다.

정조의 죽음으로 후대 사람들은 그가 10년만 더 살았더라면, 그가 개혁을 완성하고 순조가 성년이 되어 왕위를 물려받았다면, 조선은 전혀 다른 나라가 되었을지 모른다고 아쉬워한다. 210년 전의 역사인데도 왕은 죽지 못하고 있다. 죽이시도 편히 눈감지 못하는 임금, 살아있는 자 만큼 지금도 사람들 입에 오르내리는 왕, 그가 정조다.

발길을 돌려 화령전으로 간다. 잠시도 일을 멈추지 않던 개혁군주 정조의 혼이 그곳에 있다. 정조 사후 그의 어진을 봉안하는 사당을 어디에 둘 것인가를 논의하던 조정은 신중을 기했다. 국왕의 사당이 한양을 떠나 본적이 없기 때문이다. 당시 조정에서는 그가 쌓아 지키려 했던 화성에 그를 모시는 것이 당연한 일이라 생각하고 이곳에 사당을 짓기로 결정을 내렸다.

화성을 찾는 관광객들에게 많이 알려지지 않은 화령전은 행궁 옆에 자리 잡았다. 화령전의 정문인 외삼문은 특이하다. 솟을대문이 아닌 일자형태다. 문 아래는 판자

군복입은 정조 어진

로 막았고, 위로는 가는 나무로 꾸민 살문이다. 궁궐의 문들은 밖에서 안을 볼 수 없도록 막았지만, 화령전은 살창을 통해 내부를 볼 수 있도록 했다. 뚫려 있는 외삼문의 구조는 정조와 백성간의 소통을 위한 배려였는지도 모른다. 아쉽게도 현재 외삼문 출입은 통제되어 있다. 행궁 정문으로 입장해야만 화령전으로 갈 수 있다.

내삼문은 외삼문 안쪽에 있으며, 정조 어진을 모신 운한각의 울타리를 만든 대문이다. 이 내삼문 기둥 문설주 아래는 초석을 받치고 있는 북 모양의 각목이 눈길을 끈다. 둥근 받침목에는 하늘과 땅, 사람을 뜻하는 삼태극 모양을 파놓았다. 즉 하늘과 땅이 있어도 사람이 없으면 천지는 빈껍데기일 뿐이라는 '천지인 삼재사상'을 각목에 새긴 것이다.

내삼문을 들어서면 넓은 마당 끝에 운한각이 있다. 그 내부에 정조의 어진이 봉안돼 있다. 그가 살아있을 때 그려놓은 군복 입은 초상화를 그곳에 걸어두었다. 그리고 늘 생존 당시의 모습을 볼 수 있도록 했다. 정조는 자신의 전신을 군복 입은 모습으로 그려놓을 정도로 로맨틱했다. 하지만 그 어진은 일제 때 어디론가 사라졌고, 현재의 어진은 2005년에 새로 제작한 것이다.

운한각은 단정하면서도 장중해 조선후기의 대표적 건물로 손꼽는다. 운한각은 짜임새도 수준급이다. 문틀위에는 가늘고 긴 막대로 만든 붉은발이 있는데 거북문양을 새겼다. 격자문이나 띠살문으로 꾸민 창호도 그렇고, 처마 네 귀퉁이를 받치고 있는 공포는 고건축의 백미를 보는 것 같다. 처마기둥 아래는 제향일 또는 큰 행사 때마다 천막을 설치할 때 줄을 묶던 도르래가 드문드문 박혀있어 인상적이다.

건물 뒤쪽 벽면은 꽃 담장을 연상케 한다. 벽면 아래는 아궁이를 만들어 어진이 있는 사당 내부에 습기조절을 했다. 운한각 옆에는 화재나 홍수 등 유사시를 대비해 정조의 어진을 대피할 수 있는 건물을 세웠고, 건물사이에는 복도를 만들어 비나 눈을 맞지 않도록 보살폈다. 운한각 편액은 정조의 아들 순조의 친필이다. 운한은 밤하늘에 밝게 둘러있는 은하수이며, 정조의 혼백이 하늘에서도 나라를 보살펴달라는 뜻이다.

운한각은 국가 보물로 손색없는데, 그 대열에 들지 못했다. 보물은 멀리에 있지 않다. 늘 가까이에 있지만, 그것을 볼 줄 모르기 때문이다.

세계유산으로 다시 태어난 화성

210년 전, 조선 22대 왕 정조는 근대국가의 야망을 가지고, 수원화성을 축성했다. 장소 선정부터 도시설계에 이르기까지 실학사상에 바탕을 둔 우리나라 최초의 계획신도시였다. 하지만 그가 쌓아 지키려 했던 화성의 부국강병은 실현되지 못하고 역사의 정거장으로만 남았다

사진에서 본 백여 년 전 화성은 창연했다. 하지만 국권이 일본으로 넘어가면서 제때 보수가 이뤄지지 않아 성벽과 문루는 세월의 더께를 이기지 못하고 퇴락해 갔다. 옛길도 절반은 사라졌다 1950년 한국전쟁이 발발하자 화성은 또 한 번 비극을 맞았다. 대부분의 성곽시설물은 파괴됐고, 남은 성벽과 홍예문은 피난민들에게 수난을 당했다.

화성은 방어 기능만 있는 것이 아니다. 건축물 하나하나가 제각기 다른 모양이다. 정약용의 화성설계는 각 시설마다 특성을 살렸다. 다산 혼자만의 결정이 아니었다. 최고 군주의 결재가 있었기 때문에 가능했다.

약 6킬로미터의 화성여행은 가파르지 않아 아이들도 함께 할 수 있다. 3시간 남짓 성벽을 따라 걸으면서 전망좋은 곳에 자리 잡은 성곽건축물을 유심히 살펴보자. 그리고 정조가 화성을 쌓게 된 배경에는 아버지에 대한 효심을 빼놓을 수 없다. 융건릉과 용주사, 화성은 한 덩어리다. 이 세 곳을 함께 답사해야만 화성을 이해하는데 도움이 된다.

1960년대 경기도청이 서울에서 수원으로 이전하면서 화성의 팔달문과 화서문이 보물로 지정되고, 장안문도 손질되기 시작했다. 1970년대 국방유적 복원사업이 시작되자 화성은 옛 모습을 찾았다. 역사의 긴 여정을 달려온 화성은 마침내 1997년 12월 6일 세계문화유산에 등록됐다. 세계에서 가장 많은 성곽을 보유한 우리나라에서 유일하게 화성만이 세계문화유산 반열에 섰다.

화성 전경

최진연의 답사기
수원화성, 긴 여정